Carte de bucate cu rețete cu conținut scăzut de carbohidrați

100 de mese delicioase pentru un stil de viață sănătos

Marius Lupu

© COPYRIGHT 2024 TOATE DREPTURILE REZERVATE

Acest document este orientat spre furnizarea de informații exacte și de încredere cu privire la subiectul și problema tratate. Publicația este vândută cu ideea că editorul nu este obligat să presteze servicii contabile, autorizate oficial sau altfel calificate. Dacă este nevoie de consiliere, juridică sau profesională, trebuie solicitată o persoană practicată în profesie.

În nici un fel nu este legal să reproduci, să dublezi sau să transmită orice parte a acestui document, fie prin mijloace electronice, fie în format tipărit. Înregistrarea acestei publicații este strict interzisă și orice stocare a acestui document nu este permisă decât cu permisiunea scrisă a editorului. Toate drepturile rezervate.

Avertisment Disclaimer, informațiile din această carte sunt adevărate și complete după cunoștințele noastre. Toate recomandările sunt făcute fără garanție din partea autorului sau a publicării poveștii. Autorul și editorul își declină răspunderea în legătură cu utilizarea acestor informații

Cuprins

INTRODUCERE..9
REȚETE LOW CARB..13
   1. Mojito: rețeta originală..13
   2. Fursecuri rulate: Rețetă de bază...........................15
   3. Mac și brânză cu conținut scăzut de grăsimi........17
   4. O rețetă de legume...19
   5. Burgeri cu sos cremos și varză prăjită..................21
   6. Reteta iezuita...24
   7. Reteta de inghetata de ciocolata..........................26
   8. Perogie poloneze, Rețetă de casă.........................28
   9. Rețetă de bază Granola..30
   10. Rețetă de bază Tort..32
   11. Reteta de ciuperci Morel.....................................34
   12. Toast franțuzesc: Rețetă de bază........................36
   13. Reteta de biscuiti cu ciocolata............................38
   14. Escalivada: Rețeta de picnic...............................39
   15. Profiterole de ciocolată - Rețetă Ușoară............41
   16. Tartiflette - Reteta De la Chalet De Pierres........43
   17. Rețetă clasică Brownies......................................45
   18. Speculoos, Rețetă simplificată............................47
   19. Omletă cu busuioc și unt....................................49
   20. Piept de pui cu usturoi.......................................51
   21. Porc Chicharrón A La Mexicana.........................53
   22. Pui Umplut Cu Nopales......................................55

23. Mini Friptură Cu Bacon..58
24. Sârmă de pui cu brânză...60
25. Keto Taquitos De Arrachera...62
26. Imagine de fundal Keto Mexican Fish....................................65
27. Tacos cu pui cu conținut scăzut de carbohidrați........................67
28. Quinoa Yakimeshi...69
29. Rulouri de castraveți umplute cu salată de ton.........................71
30. Avocado Umplut Ceviche Cu Habanero.....................................73
31. Tort de ciocolată Keto...75
32. Marielle Henaine...77
33. Chayotes Umplute Cu Salpicón...79
34. Bulion de pui cu orez de conopida......................................81
35. Salata de varza si pui...83
36. Pui Frip Cu Guajillo...84
37. Orez Poblano Broccoli..86
38. Dovleci umpluti cu salata cremoasa de pui..............................88
39. Salata Arrachera Cu Vinaigreta Fina De Ierburi.........................90
40. Cum să faci chifteluțe de pui în sos Morita Chili......................92
41. Crusta Umplută Cu Carne Cu Nopales.....................................94
42. Spaghete de dovleac cu cremă de avocado................................96
43. Omletă De Conopidă Cu Spanac și Serrano Chile..........................98
44. Conopida Prăjită Cu Ou Și Avocado.....................................100
45. Chayote Carpaccio...102
46. Enchilada verde de conopidă cu pui....................................104
47. Frigărui Keto de mare și uscat..107
48. Dovlecel prăjit cu brânză de vaci.....................................109

49. Omleta Poblano 111

50. Prajitura cu ou cu sparanghel 113

RETETA UIMIZANTĂ, SĂRĂ CARBOHIDRATI 115

51. Tortilă primitivă 115

52. Salată cu ouă pentru micul dejun 118

53. Crepe de faina de cocos cu nuca de macadamia 120

54. tigaie pentru hamburger 123

55. Nap Hash Browns 126

56. Bol cu iaurt grecesc cu migdale crocante 128

57. Frittata de carne tocată, kale și brânză de capră 131

58. Fulgi de ketoavena stil Brad 134

59. Brioșe cu ouă în forme pentru șuncă 136

60 . Speculoos, reteta simplificata 138

6 1. Mix de condimente Chai 140

6 2. Ouă omletă cu turmeric 142

6 3. Lapte de cocos 144

6 4. Gustări cu ouă Curley 147

6 5. Vafe cu sos de carne 150

BĂUTURI ȘI SMOTHIES 153

6 6. Cafea bogată în grăsimi 153

6 7. Proteină cetogenă Mocha 155

6 8. Smoothie verde 157

6 9. Smoothie cu sfeclă și ghimbir 159

7 0. Smoothie de orice 161

7 1. Chai de aur 163

7 2. Bulion de oase de pui 165

7 3. Lapte de nuci..168

7 4. Mac cu brânză cu conținut scăzut de grăsimi...............171

SOSURI, PATE SI SOSURI CALDE SI RECI........................173

7 5. Sos de arahide fals..173

7 6. Sos de maioneză Primal Kitchen și brânză albastră......175

7 7. Vinaigretă perfectă (cu variante)..........................177

7 8. „Brânză" de macadamia și arpagic.......................179

7 9. Pesto din frunze de morcov...............................181

8 0. Unt cu ardei iute si bacon.................................183

8 1. Pate de ficat de pui..186

8 2. Unt de cocos..189

8 3. Pate de somon afumat....................................191

8 4. Masline cu nuci...193

CURSURI PRINCIPALE...195

8 5. Slow Cooker Carnitas.....................................195

8 6. Ouă omletă cu kale..198

8 7. Sandviș cubanez fals......................................200

8 8. Carne tocată a cavernelor cu unt de migdale...........203

8 9. Ton ușor înăbușit cu sos de plante și lime...............205

9 0. Roșii umplute...208

9 1. Cel mai bun pui fript......................................210

9 2. Frigarui de pui...213

9 3. Tava cu creveti si sparanghel............................216

9 4. Cârnați cu kale...218

9 5. Somon copt cu alioli de mărar..........................221

9 6. Curcan și sarmale..223

9 7. Salată crocantă de ton..225

9 8 . Pui Umplut Cu Nopales...227

9 9 . Mini Friptură Cu Bacon...230

10 0 . Sarma De Pui Cu Branza...232

CONCLUZIE..234

INTRODUCERE

Pe lângă zahărul pur, prea mulți carbohidrați sunt responsabili pentru creșterea nedorită în greutate cu mânerele de dragoste în creștere. Un motiv pentru care conținutul scăzut de carbohidrați este o tendință continuă. Dieta săracă în carbohidrați (tradusă: puțini carbohidrați) reprezintă o reducere drastică a carbohidraților din dietă. Pentru că numai atunci când aportul de zahăr și carbohidrați este redus, organismul revine la rezervele sale de energie (tampoane de grăsime) și asigură astfel scăderea în greutate în cazul unei presupuse lipse de hrană.

Așadar, pentru a scăpa de mânerele amoroase nepopulare, dieta cu rețete fără carbohidrați sau mai puțini este deosebit de eficientă. Cu toate acestea, trebuie remarcat faptul că celulele existente ale țesutului adipos se golesc doar în timpul dietei și apoi rămân în organism. Dacă revii la stilul tău alimentar vechi, nesănătos, prea repede, te vei completa rapid.

Ce alimente sunt permise într-o dietă săracă în carbohidrați?

De îndată ce mănânci după metoda low carb, adică numărul de carbohidrați din alimente este redus, proporția de grăsimi și proteine care nu sunt stocate în organism în aceeași măsură poate fi crescută în același timp. Spre deosebire de alte forme de dietă, nu există un deficit caloric asociat cu senzația de foame. Mai multe grăsimi și proteine creează, de asemenea, o senzație de satietate de durată. Așa că nu vă înfometați, ci înlocuiți zahărul și carbohidrații cu mâncăruri bogate în proteine și sărace în carbohidrați.

Ar trebui să evitați aceste alimente

Următoarele alimente sunt principalii vinovați pentru creșterea nedorită în greutate. Pe lângă orice formă de zahăr, aceasta include cartofi, orez și toate produsele făcute din făină de grâu, cum ar fi pastele, pizza și pâine. Consumul lor necontrolat devine vizibil atunci când este consumat prea mult, transformat în zahăr, ca o rezervă de grăsime nepopulară și adesea în continuă creștere.

În plus, ar trebui evitate toate formele de miere și zahăr, dulcețurile, Nutella, toate dulciurile, îndulcitorii artificiali și sucuri produse industrial în preparatele cu conținut scăzut de carbohidrați. În cazul cerealelor și legumelor, trebuie evitate cartofii, orezul, toate produsele din făină de grâu, cum ar fi pizza, pâinea, produsele de patiserie, prăjiturile și tăiței și toate produsele finite fabricate industrial. De asemenea, câteva alimente deosebit de bogate în amidon, cum ar fi bananele, porumbul, păstârnacul, cartofii dulci, mazărea și musliul nu sunt neapărat recomandate.

Cât de bun este un conținut scăzut de carbohidrați și cum poate fi evitat efectul yo-yo?

Daca vrei sa eviti temutul efect yo-yo al cresterii rapide in greutate dupa dieta de reducere, o schimbare generala a obiceiurilor alimentare pe care ai ajuns sa iubesti este inevitabila. Adaptarea comportamentului alimentar la vârstă joacă, de asemenea, un rol important. La bătrânețe, spre deosebire de anii mai tineri, organismul își formează rezerve extinse de grăsime mai rapid datorită modificărilor hormonale. O trecere strictă pe termen scurt la un nivel scăzut de carbohidrați face minuni aici. Cu toate acestea, nutriționiștii sfătuiesc o dietă permanentă, strictă, conform specificațiilor cu conținut scăzut de carbohidrați. Pentru a evita efectul yo-yo, ei recomandă o dietă echilibrată cu aproximativ 50% carbohidrați după aceea. Așa că nu trebuie să rămâi tot timpul fără pâinea ta, cartofi și paste delicioase.

REȚETE LOW CARB

1 . Mojito: rețeta originală

INGREDIENTE

- 20 frunze de mentă.
- zahăr pudră.
- rom cubanez
- 3 lămâi verzi.
- apă spumante

PREGĂTIREA

1. Zdrobiți 20 de frunze de mentă cu 5 linguri. linguriță de zahăr pudră într-un recipient, se adaugă 30 cl rom cubanez, sucul de la 3 lime mari și se amestecă bine.
2. Se toarnă în 6 pahare, apoi se întinde cu puțină apă spumante precum Perrier și puțină gheață pisată.
3. Decorați cu frunze de mentă.

2. Fursecuri rulate: Rețetă de bază

INGREDIENTE

- 120 g zahăr + 1 linguriță. cu cafea.
- 4 ouă
- 120 g faina.
- 25 g de unt topit

PREGĂTIREA

1. Preîncălziți cuptorul la th. 7/210 °.
2. Scoateți tava din cuptor și puneți pe ea o foaie de hârtie de copt.
3. Se separă gălbenușurile de albușuri, se bat gălbenușurile și zahărul până când amestecul se albește și se adaugă făina amestecând.
4. Albusurile se bat spuma cu lingurita de zahar, se amesteca usor, se ridica preparatul si se adauga untul topit.
5. Intindem aluatul pe hartia de copt folosind o spatula, formand un dreptunghi.
6. Se coace 8 minute, se scoate biscuitul din cuptor, se aseaza cu hartia de copt pe suprafata de lucru si se acopera cu o carpa umeda.
7. Se lasa sa stea 10 minute, se scoate prosopul, se intoarce biscuitul, se ruleaza pe el insusi si se infasoara in folie pana la utilizare.

3. Mac și brânză cu conținut scăzut de grăsimi

INGREDIENTE

- .1 1/2 t. de macaroane fierte si scurse.
- 1 ceapa mica, tocata.
- 9 felii, 2/3 oz brânză cheddar cu conținut scăzut de grăsimi.
- 1 conserve de 12 oz de lapte degresat evaporat.
- 1/2 t. supă de pui cu conținut scăzut de sodiu.
- 2 1/2 linguriță (e) lingură de făină de grâu în jur
- .1/4 linguriță sos worcestershire.
- 1/2 linguriță de muștar uscat.
- 1/8 linguriță (e) de piper.
- 3 linguri(e) de pesmet.
- 1 lingura(e) de margarina, inmuiata

PREGĂTIREA

1. O tavă adâncă de copt pulverizată cu ulei vegetal, întinde 1/3 din macaroane, 1/2 din ceapă și brânză. Repetați straturile, terminând cu macaroane. Bateți laptele, bulionul, făina, muștarul, sosul Worcestershire și piperul până se omogenizează. Se toarnă peste straturi. Se amestecă pesmetul și margarina, apoi se presară deasupra. Coaceți descoperit la 375 de grade timp de 30 de minute până când este fierbinte și clocotește.

4. O rețetă de legume

INGREDIENTE

- .2 cepe.
- 2 morcovi.
- 1 păstârnac.
- 1 fenicul
- .250 g cereale.
- ulei de măsline.
- sare de turmeric, piper.
- seminte de dovleac

PREGĂTIREA

1. Se rumenesc la foc mediu: ceapa taiata felii, se adauga curcuma dupa dorinta, se pipereaza bine, apoi se adauga 2 morcovi (aici 1 violeta, 1 galben), 1 pastarnac, 1 fenicul taiat cubulete, sare si piper, se gatesc, amestecand din cand in cand la timp
2. Se fierbe 1 pachet de cereale de 250 g în apă clocotită cu sare (cum ar fi bulgur quinoa de la Monoprix, care se gătește în 10 minute), se scurge, se toarnă într-un bol de salată, se condimentează cu 2 linguri. linguri ulei de măsline, turnați legumele deasupra, stropiți cu semințele de dovleac prăjite timp de 3 minute într-o tigaie.

5. Burgeri cu sos cremos și varză prăjită

INGREDIENTE

- burgeri
- 650 g carne tocată (măcinată)
- 1 ou
- 85 g branza feta
- 1 lingura Sare
- ¼ linguriță. piper negru măcinat
- 55 g (220 ml) patrunjel proaspat, tocat marunt
- 1 lingura. ulei de masline, pentru prajit
- 2 linguri. unt, pentru prăjit

Sos

- 180 ml smantana (sau smantana) de batut
- 2 linguri. patrunjel proaspat tocat
- 2 linguri. pasta de rosii sau sos ajvar
- sare si piper

Varză verde prăjită

- 550 g varză albă mărunțită
- 85 g unt
- sare si piper

Instrucțiuni

burgeri cu crema:

1. Amestecă toate ingredientele pentru hamburgeri și asamblați opt dintre ele, mai lungi decât largi.
2. Prăjiți-le la foc mediu în unt și ulei de măsline pentru cel puțin 10 minute sau până când chiftelele capătă o culoare delicioasă.
3. Adăugați pasta de roșii și frișca pentru frișcă în tigaie când burgerii sunt aproape gata. Amesteca si lasa crema sa dea in clocot.
4. Deasupra presara patrunjel tocat inainte de servire.

Varză verde prăjită în unt:

1. Tăiați varza fâșii sau folosiți un robot de bucătărie.
2. Topiți untul într-o tigaie.
3. Se caleste varza maruntita la foc mediu pentru cel putin 15 minute sau pana cand varza are culoarea si textura dorita.
4. Amesteca des si scade putin focul spre final. Asezonați după gust.

6. Reteta iezuita

INGREDIENTE

- .50 g pudră de migdale.
- 50 g zahăr.
- 50 g unt
- .1 ou.
- 1 pahar(e) de lichior de rom

PREGĂTIREA

1. Faceți două fâșii subțiri de puf, de 12 cm lățime.
2. Se orneaza cu un strat subtire de crema de migdale.
3. Udați ambele margini cu apă folosind o perie. Puneți a doua rolă deasupra, apăsați marginile pentru a le suda.
4. Rumeniți suprafața cu oul și deasupra semănați migdale pudrate. Tăiați fâșia astfel obținută în triunghiuri așezate pe o foaie de copt și coaceți în cuptorul încins.
5. Stropiți cu zahăr pudră când îl scoateți din cuptor. Se inmoaie untul pana la crema, se adauga migdalele si zaharul in acelasi timp.
6. Lucrați energic cu un tel pentru a obține o compoziție spumoasă. Adăugați oul întreg, apoi romul.

7. Reteta de inghetata de ciocolata

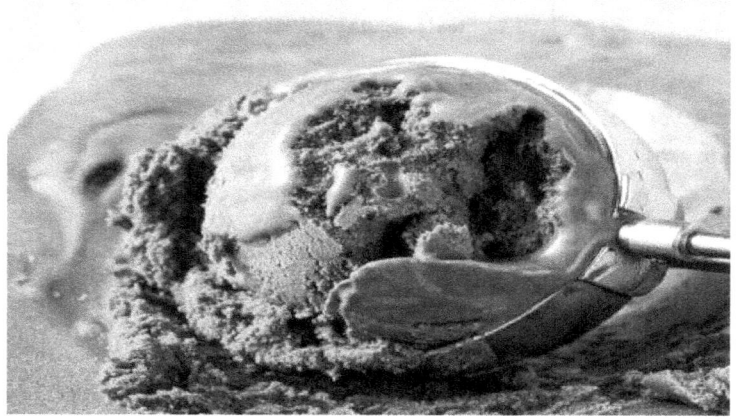

INGREDIENTE

- .6 gălbenușuri de ou.
- 200 g zahăr.
- 1/2 l lapte
- .300 ml smantana lichida.
- 100 g cacao neindulcita

PREGĂTIREA

1. Pentru a vă pregăti rețeta de înghețată de ciocolată:
2. Se fierbe laptele.
3. Bate galbenusurile si 150 g de zahar pana amestecul devine alb.
4. Adăugați cacao și amestecați.
5. Se toarnă laptele încet, amestecând pentru a obține un preparat foarte lichid. Se reincalzeste totul la foc mic sa se ingroase (fara sa il fiarba).
6. Lăsați acest suc să se răcească.
7. Bateți energic smântâna și restul de zahăr. Incorporati preparatul in suc. Turbină

8. Perogie poloneze, Rețetă de casă

INGREDIENTE

- .2 lire brânză de vaci scursă sau costuri de brânză.
- 10 t. apă.
- 1 t. pesmet prajit usor.
- 3 linguri(e) de ulei
- .4 ouă mari, bătute.
- 1 1/2 linguriță (e) de sare.
- 2 t. de făină, pentru toate scopurile plus suficient pentru a pregăti aluatul

PREGĂTIREA

1. Într-un castron mediu, zdrobiți brânza cu o furculiță. Încorporați ouăle, ½ linguriță. sare, făină și amestecă pentru a forma o pastă. Rulați aluatul pe o masă înfăinată și împărțiți-l în 4 bucăți. Întindeți fiecare bucată într-un dreptunghi lung de 12 inchi și lat de 2 inchi. Tăiați fiecare bucată în diagonală pentru a face aproximativ 10 bucăți. Aduceți apa la fiert și adăugați 1 lingură. desel. Reduceți focul astfel încât apa să fiarbă puțin și scufundați în ea o treime din ravioli. Se fierbe, neacoperite, până când revin. Scoateți-le cu un skimmer, scurgeți-le. Repetați până când toate gogoșile sunt gătite. Se serveste cu putin pesmet prajit.
2. Face aproximativ 40 de perogii.

9. Rețetă de bază Granola

INGREDIENTE

- .300 g fulgi de ovaz.
- 100 g migdale întregi.
- 100 g de seminte de floarea soarelui.
- 100 g de seminte de dovleac.
- 50 g seminte de susan.
- 50 g de struguri uscați
- .10 cl apă fierbinte.
- 50 g de miere lichidă.
- 4 linguri (e) ulei de floarea soarelui presat la rece.
- 1 lingurita de pudra de vanilie.
- 1 putina sare de mare

PREGĂTIREA

1. Porneste cuptorul. 5/150 °.
2. Pune într-un castron fulgii de ovăz, semințele, migdalele, stafidele, sarea și vanilia.
3. Se amestecă apa fierbinte, mierea și uleiul și se toarnă în vas.
4. Se amestecă până când lichidul se absoarbe, apoi se întinde amestecul pe tava de copt tapetată cu o foaie de hârtie de copt.
5. Gatiti 30-45 de minute, amestecand din cand in cand. Se lasa sa se raceasca si se da deoparte intr-o cutie.

10. Rețetă de bază Tort

INGREDIENTE

- .100 g ciocolată neagră.
- 200 g unt + 1 nucă.
- 100 g zahăr + 1 puțin.
- 4 ouă.100 g făină
- .50 g amidon de porumb.
- 30 g cacao neindulcita.
- 1 lingurita rasa de praf de copt.
- 1 lingurita de vanilie pudra sau scortisoara

PREGĂTIREA

1. Porneste cuptorul. 6/180 °.
2. Unge o tigaie cu unt și stropește-o cu puțin zahăr.
3. Topiți ciocolata ruptă în bucăți și untul la cuptorul cu microunde sau la baie.
4. Bateți ouăle întregi și zahărul până când amestecul devine alb și amestecați-le cu ciocolata topită și untul.
5. Adaugati faina, amidonul de porumb, cacao, praful de copt, vanilia sau scortisoara. Puteți amesteca acest aluat folosind un robot de bucătărie sau un mixer.
6. Se toarnă în formă și se coace la cuptor pentru 30 până la 40 de minute. Un vârf de cuțit înfipt în centru ar trebui să iasă aproape uscat.
7. Întoarceți tortul și lăsați-l să se răcească pe un grătar.

11. Reteta de ciuperci Morel

INGREDIENTE

- .250 g de morlii.
- 2 rinichi de vițel.
- 400 g vițel reefing.
- 75 g unt.
- 5 cl de coniac
- .15 cl smantana.
- 4 vol au vent.
- sare grunjoasă.
- piper măcinat

PREGĂTIREA

1. Scoateți partea pământoasă a morliilor, clătiți-le în mai multe ape, scurgeți-le și uscați-le în hârtie absorbantă.
2. Treci turtele sub un jet de apa rece, le calim 5 minute in apa cu sare apoi le scurgem.
3. Deschideți rinichii, tăiați-i cubulețe, căliți-i în 25 de grame de unt fierbinte timp de 8 minute.
4. Flambează cu jumătate de coniac.
5. Tăiați turtele de vițel și rumeniți-le timp de 3 minute în 25 de grame de unt fierbinte.
6. Flambați cu restul de coniac, adăugați jumătate de crème fraîche, încălziți timp de 1 minut.
7. Morelele se rumenesc in restul de unt 10 minute, se scurg apoi se adauga restul de crema.
8. Într-o tigaie se toarnă cele trei preparate, sare și piper, se încinge 3 minute la foc mic.
9. Puneți preparatul fierbinte în crustele încălzite și serviți fierbinte.

12. Toast franțuzesc: Rețetă de bază

INGREDIENTE

- .50 cl lapte.
- 150 g zahăr.
- 1 pastaie de vanilie.
- 3 ouă
- .scorțișoară pudră.
- 50 g unt.
- 10 felii de paine de sandvici, brioche bagheta veche

PREGĂTIREA

1. Se încălzește laptele, zahărul și vanilia împărțite în jumătate și răzuite într-o cratiță și se lasă la infuzat 10 minute, acoperite.
2. Bateți ouăle într-o omletă cu 1 puțină scorțișoară.
3. Topiți jumătate din unt într-o tigaie, scufundați jumătate din feliile de pâine în lapte, apoi în ouăle bătute și rumeniți în tigaie pe ambele părți timp de 6 până la 10 minute. Repetați operația pentru restul feliilor. Serviți imediat.

13. Reteta de biscuiti cu ciocolata

INGREDIENTE

- 200 g de ciocolată.
- 125 g zahăr
- 125 g pudră de migdale.
- 3 albusuri

PREGĂTIREA

1. Preîncălziți cuptorul la 180 ° C.
2. Topiți ciocolata la foc mic.
3. Albusurile se bat spuma, se bat in continuare, incorporand zaharul si migdalele macinate.
4. Se amestecă ciocolata.
5. Pe o tavă de copt, faceți grămezi mici.
6. Coaceți timp de 15 minute.

7. Bucurați-vă de prăjiturile voastre de ciocolată!

14. Escalivada: Rețeta de picnic

INGREDIENTE

- .2 vinete.
- 2 dovlecei.
- 1 ardei verde.
- 1 ardei rosu
- .6ceapa noua.
- 2 dl otet banyuls
- 2 dl ulei de masline.
- sare

Pentru a servi:

- .felii de pâine prăjită
- .file de hamsii in ulei de masline

PREGĂTIREA

Porniți cuptorul la 210 ° C (th. 7). Clătiți vinetele, dovleceii și ardeii, apoi puneți-le pe ceapă fără a le curăța. Glisați foaia de copt în cuptor. Conta

1. Intre 30 si 50 de minute, intoarcerea si urmarirea legumelor: vinetele se fierb cand sunt moi sub presiunea degetului, ardeii si ceapa cand coaja este maronie.

Curățați

1. Cand sunt calde, legumele taie ardeii si vinetele in fasii lungi, ceapa si dovlecelul in jumatate pe lungime.

Pune deoparte

1. Legumele într-un bol de salată sau o cutie ermetică. Acoperiți-le cu ulei și oțet. Se sare si se amesteca usor. Servește escalivada la temperatura camerei sau rece, însoțită de felii de pâine prăjită și fileuri de hamsii.

15. Profiterole de ciocolată - Rețetă Ușoară

INGREDIENTE

- .pentru 40 de varze mici rotunde.
- o priză de 1,5 cm.

pentru crema de patiserie:.

- cremă
- .è 15 cl frișcă.

pentru sosul de ciocolata :.

- 150 g ciocolată neagră.lapte

PREGĂTIREA

1. Încorporați ușor cei 15 cl de frișcă în crema de patiserie cu ajutorul unui tel, pentru a ușura crema.
2. Apoi, folosind punga de patiserie, prevăzută cu duza de 1,5 cm, umpleți cele 40 de pufuleți și puneți-le la frigider.
2. 3.Se topește ciocolata într-o cratiță la foc mic, adăugând lapte, până se formează un sos bine legat.
3. Aranjați varza într-o piramidă într-un vas și acoperiți-le cu sos călduț.
4. Profiterolele dvs. de ciocolată sunt gata, bucurați-vă!
5. Descoperiți selecțiile noastre de rețete: rețete festive de ciocolată, rețete de prăjituri cu ciocolată, rețete de dulciuri...

16. Tartiflette - Reteta De la Chalet De Pierres

INGREDIENTE

- 1 kg de cartofi 1 ceapa.
- 200 g lardone 1 fermier reblochon
- 1 lingura (linguri) de crème fraîche (optional).
- 1 lingură (e) ulei vegetal (floarea soarelui, arahide)
- 10 g de unt

PREGĂTIREA

1. Gatiti cartofii cu coaja intr-o cratita cu apa clocotita.
2. În acest timp, curățați și feliați ceapa, transpirați-o în ulei încins, adăugați slănina și rumeniți toată, amestecând des.
3. Preîncălziți cuptorul la th. 8/220 °. Se unge cu unt un vas gratinat (sau din fontă), se toarnă jumătate din cartofi și se adaugă jumătate din amestecul de ceapă-slănină, restul de cartofi și restul de ceapă-slănină.
4. Se uniformizează suprafața, se adaugă smântâna (opțional) și se pune tot reblochonul în centru. Piper măcinat și dat la cuptor până când vârful tartiflettei se rumenește frumos. Serviți imediat.

17. Rețetă clasică Brownies

INGREDIENTE

- .125 g unt.
- 150 g zahăr.
- 4 ouă.
- 125 g ciocolată
- .50 g făină.
- drojdie.
- gheață cu zahăr

PREGĂTIREA

1. Preîncălziți termostatul cuptorului 6 - 7 (180 ° -200 °).
2. Topiți untul într-o cratiță la foc foarte mic.
3. Amestecă într-un bol untul topit cu zahărul.
4. Adăugați ouăle.
5. Într-o cratiță la foc foarte mic, topește ciocolata tăiată în pătrate, apoi adaugă-o în amestec.
6. Adaugam faina amestecata cu sarea si praful de copt.
7. Se amestecă totul bine (50 de ture)
8. Se pune amestecul intr-o forma bine unsa cu unt. Ideal este sa folosesti o matrita ceramica patrata de aproximativ 20 x 25 centimetri.
9. Se da la cuptor pentru 30-35 de minute. Brownie-ul nu trebuie prea fiert.
10. Se lasa sa se raceasca, se presara cu zahar pudra pentru a avea un blat alb mai prezentabil si se taie bucati patrate (de exemplu 2 centimetri pe 2 centimetri).

18. Speculoos, Rețetă simplificată

INGREDIENTE

- .250 g unt.
- 350 g făină, cernută.
- 200 g zahăr brun
- .5g bicarbonat de sodiu.
- 1 ou.
- 1 lingura de sare

PREGĂTIREA

1. Pregătirea speculoosului necesită o așteptare de 12 ore.
2. Amestecați 40 g de făină, bicarbonat de sodiu și sare într-un prim recipient.
3. Topiți untul.
4. Se pune intr-un al doilea recipient, se adauga zaharul brun, oul si se amesteca energic. Apoi adăugați făina rămasă în timp ce amestecați. Se amestecă totul și se lasă 12 ore la frigider.
5. După 12 ore de așteptare, ungeți foile de copt.
6. Întindeți aluatul, păstrând o grosime minimă (3 milimetri maxim) și tăiați-l folosind forme la alegere.
7. Coaceți totul timp de 20 de minute, urmărind gătirea.
8. Cel mai bine este să lăsați speculoosul să se răcească înainte de a mânca!

19. Omletă cu busuioc și unt

INGREDIENTE

- 2 linguri. Unt
- 2 ouă
- 2 linguri. crema (sau crema) a monta
- sare si piper negru macinat
- 80 ml (38 g) brânză cheddar rasă
- 2 linguri. busuioc proaspăt

PREGĂTIREA

1. Topiți untul într-o tigaie la foc mic.
2. Adăugați ouăle, smântâna, brânza și condimentele într-un castron mic. Se bate usor si se adauga in tigaie.
3. Se amestecă cu o spatulă de la margini spre centru până când ouăle au fost amestecate. Dacă le preferați moi și cremoase, amestecați la temperatură scăzută până ajung la consistența dorită.
4. Terminați prin presară busuioc deasupra.

20. Piept de pui cu usturoi

INGREDIENTE

- 2 căni de ulei de măsline
- 4 linguri de usturoi, feliate subțire
- 1 cană de ardei iute guajillo, tăiat în felii
- 4 piept de pui
- 1 praf de sare
- 1 praf de piper
- 1/4 cani de patrunjel, tocat marunt, pentru a decora

PREGĂTIREA

1. Pentru usturoi, într-un castron amestecați uleiul cu usturoiul, chili guajillo, puiul și marinada timp de 30 de minute. Rezervare.
2. Se încălzește o tigaie la foc mediu, se adaugă puiul cu marinada și se gătește aproximativ 15 minute la foc mediu sau până când usturoiul este auriu și puiul este fiert. Se condimentează cu sare și piper. Se serveste si se orneaza cu patrunjel tocat.

21. Porc Chicharrón A La Mexicana

INGREDIENTE

- 1 lingura de ulei
- 1/4 ceapă, fileuită
- 3 ardei serrano, feliați
- 6 roșii, tăiate cubulețe
- 1/2 cani de supa de pui
- 3 căni de coji de porc
- destulă sare
- destul de piper
- destul de coriandru proaspăt, în frunze, pentru a decora
- destul de fasole, din oală, pentru a însoți

- destule tortillas de porumb, pentru a însoți

PREGĂTIREA

1. Într-o tigaie adâncă, prăjiți ceapa și chiliul cu puțin ulei până devin strălucitoare. Adăugați roșia și gătiți 5 minute, adăugați bulionul de pui și lăsați să fiarbă. Adăugați coaja de porc, asezonați cu sare și piper, acoperiți frunzele de coriandru și gătiți timp de 10 minute.
2. Se serveste si se orneaza cu frunze de coriandru.
3. Însoțiți cu fasole și tortilla de porumb.

22. Pui Umplut Cu Nopales

INGREDIENTE

- 1 lingura de ulei
- 1/2 cani ceapa alba, fileuita
- 1 cană de nopal, tăiată fâșii și gătită
- destulă sare
- destul de oregano
- destul de piper
- 4 piept de pui, turtiti
- 1 cană de brânză Oaxaca, măruntită
- 1 lingura de ulei, pentru sos
- 3 catei de usturoi, tocati, pentru sos
- 1 ceapa alba, taiata in optimi, pentru sos
- 6 rosii, taiate in sferturi, pentru sos582

- 1/4 cani de coriandru proaspat, proaspat, pentru sos
- 4 ardei iute guajillo, pentru sos
- 1 lingura de ienibahar, pentru sos
- 1 cană de bulion de pui, pentru sos
- 1 praf de sare, pentru sos

PREGĂTIREA

1. Pentru umplutura se incinge o tigaie la foc mediu cu ulei, se caleste ceapa cu nopalele pana nu mai elibereaza saliva, se asezoneaza dupa bunul plac cu sare, piper si oregano. Rezervare.
2. Pe o tabla se aseaza pieptul de pui, umplut cu nopales si branza Oaxaca, se ruleaza, se condimenteaza cu sare, piper si putin oregano. Dacă este necesar, asigurați cu o scobitoare.
3. Încingeți un grătar la foc mare și gătiți rulourile de pui până când sunt fierte. Tăiați rulourile și rezervați fierbinte.
4. Pentru sos se incinge o tigaie la foc mediu cu ulei, se caleste usturoiul cu ceapa pana obtii o culoare aurie, se adauga rosiile, coriandru, chili guajillo, ienibaharul, semintele de coriandru. Gatiti 10 minute, umpleti cu supa

de pui, asezonati cu sare si continuati sa gatiti inca 10 minute. Se răcește ușor.
5. Amestecați sosul până obțineți un amestec omogen. Serviți pe o farfurie ca o oglindă, puneți puiul deasupra și savurați.

23. Mini Friptură Cu Bacon

INGREDIENTE

- 1 kg carne tocata de vita
- 1/2 cani de paine macinata
- 1 ou
- 1 cană ceapă, tocată mărunt
- 2 linguri de usturoi, tocat mărunt
- 4 linguri de ketchup
- 1 lingura mustar
- 2 lingurite patrunjel, tocat marunt
- destulă sare
- destul de piper
- 12 felii de bacon
- suficient de sos de ketchup, pentru a lacui
- destul de patrunjel, pentru a decora

PREGĂTIREA

1. Preîncălziți cuptorul la 180 ° C.
2. Intr-un bol amestecam carnea de vita cu pesmetul, oul, ceapa, usturoiul, ketchup-ul, mustarul, patrunjelul, sarea si piperul.
3. Luați aproximativ 150 g de amestec de carne și modelați-l în formă circulară cu ajutorul mâinilor. Înfășurați cu slănină și puneți pe o foaie de biscuiți unsă sau hârtie cerată. Ungeți partea de sus a cupcakes-urilor și a baconului cu ketchup.
4. Coaceți timp de 15 minute sau până când carnea este fiartă și baconul este auriu.
5. Se serveste cu patrunjel, insotit de salata si paste.

24. Sârmă de pui cu brânză

INGREDIENTE

- 1/2 cani chorizo, maruntit
- 1/2 cani de bacon, tocat
- 2 linguri de usturoi, tocat mărunt
- 1 ceapă roșie, tăiată în bucăți
- 2 piept de pui, fara piele, dezosat, taiat cubulete
- 1 cană ciuperci, filetate
- 1 ardei gras galben, tăiat în bucăți
- 1 ardei gras rosu, taiat in bucatele
- 1 ardei gras, portocala taiata in bucatele
- 1 dovleac, tăiat în jumătăți de lună
- 1 praf de sare si piper
- 1 cană de brânză Manchego, rasă

- după gust de tortilla de porumb, pentru a însoți
- după gust de sos, a însoți
- dupa gust de lamaie, a insoti

PREGĂTIREA

1. Se încălzește o tigaie la foc mediu și se prăjește chorizo-ul și baconul până se rumenesc. Adăugați usturoiul și ceapa și gătiți până devine transparent. Adăugați puiul, asezonați cu sare și piper și gătiți până se rumenesc.
2. Odată ce puiul este gătit, adăugați legumele pe rând, gătind câteva minute înainte de a adăuga următoarele. La final se adauga branza si se mai caleste inca 5 minute ca sa se topeasca, se rectifica condimentul.
3. Serviți sârma foarte fierbinte însoțită de tortilla de porumb, salsa și lămâie.

25. Keto Taquitos De Arrachera

INGREDIENTE

- 3/4 cani de faina de migdale, 40 g, cernuta, pentru tortilla
- 1 cană de albuș de ou San Juan®, 375 ml
- 1 lingurita de praf de copt, 3 g, cernuta pentru omleta
- dupa gust de sare, pentru omleta
- dupa gust de piper, pentru omleta
- suficient spray de gatit, pentru omleta
- 1/4 ceapa, pentru sos
- 1 catel de usturoi, pentru sos

- 1/2 cani de castravete, fara coaja sau seminte, cubulete, pentru sos
- 2 avocado, doar pulpa, pentru sos
- 2 bucati de ardei serrano, fara coada, pentru sos
- 3/4 cani de coriandru, frunze, pentru sos
- 3 linguri de menta, frunze, pentru sos
- 3 linguri de suc de lamaie, pentru sos
- 3 linguri de apa, pentru sos
- dupa gust de sare, pentru sos
- dupa gust de piper, pentru sos
- 2 linguri de ulei de masline, pentru carne
- 1/2 cani de ceapa, in fasii, pentru carne
- 500 de grame de friptură de flanc, în fâșii medii
- dupa gust de sare, pentru carne
- dupa gust de piper, pentru carne
- suficientă ceapă roșie, murată, pentru a însoți
- dupa gust de ardei serrano, feliat, pentru a insoti
- destul de frunze de coriandru, pentru a însoți

PREGĂTIREA

1. Cu ajutorul unui balon, amestecați într-un bol făina de migdale cu Albușul San Juan® și praful de copt până se integrează, veți observa că albușurile se vor spuma ușor, se potrivesc cu sare și piper și se vor termina de integrare.
2. Puneti putin spray de gatit intr-o tigaie de teflon (de preferinta de marimea dorita pentru a face tortilla) adaugati putin amestec si gatiti la foc mic, cand suprafata incepe sa aiba bule mici, intoarceti tortilla cu o spatula si gatiti cateva mai multe minute. Repetați până se termină cu amestecul. Se rezervă fierbinte până la utilizare.
3. Pentru sos, amestecați ceapa cu usturoi, castraveți, avocado, ardei serrano, coriandru, mentă, suc de lămâie, apă, sare și piper până se integrează. Rezervați până la utilizare.
4. Se toarna ulei de masline intr-o tigaie incinsa, se caleste ceapa pana devine transparenta si se caleste friptura de flanc timp de 8 minute la foc mediu mic, se condimenteaza cu sare si piper.
5. Pregătește-ți tacos-urile! Întindeți sosul pe o tortilla, puneți friptura de flanc în fâșii,

însoțiți cu ceapă murată, felii serrano și coriandru.

26. Imagine de fundal Keto Mexican Fish

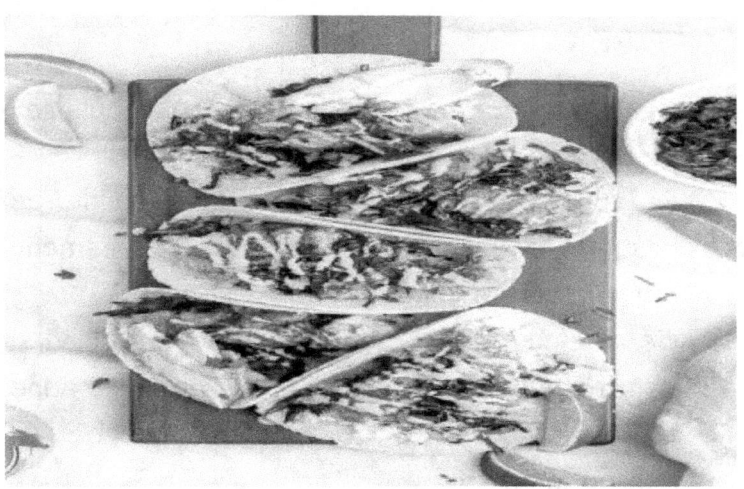

INGREDIENTE

- 4 file de roșu de 280 g fiecare
- după gust de pudră de usturoi
- după gust de sare
- dupa gust de piper
- 2 ardei gras, taiati fasii
- 2 chile cuaresmeño, tocate mărunt
- destul de epazot, în frunze
- destul de frunză de banană, prăjită
- 2 bucati de avocado, pentru guacamole
- 3 linguri de suc de lamaie, pentru guacamole

- 1/4 cani de ceapa, tocata marunt, pentru guacamole
- 2 linguri de coriandru, tocat marunt, pentru guacamole
- 2 lingurite de ulei

PREGĂTIREA

1. Se condimentează fileurile de roșu cu praf de usturoi, sare și piper.
2. Pe frunzele de banane se pun fileurile de roșu, se adaugă ardeiul, ardeiul cuaresmeño și frunzele de epazot.
3. Se acoperă peștele cu frunzele de banană și se înfășoară ca și cum ar fi un tamal, se pune într-un cuptor cu aburi și se fierbe 15 minute la foc mic.
4. Intr-un vas cu ajutorul unei furculite, guacamolele piseaza avocado pana se obtine un piure, se adauga zeama de lamaie, ceapa, se condimenteaza cu sare, piper, se adauga coriandru si se amesteca.
5. Se serveste pe farfurie, insotita de guacamole. Bucurați-vă.

27. Tacos cu pui cu conținut scăzut de

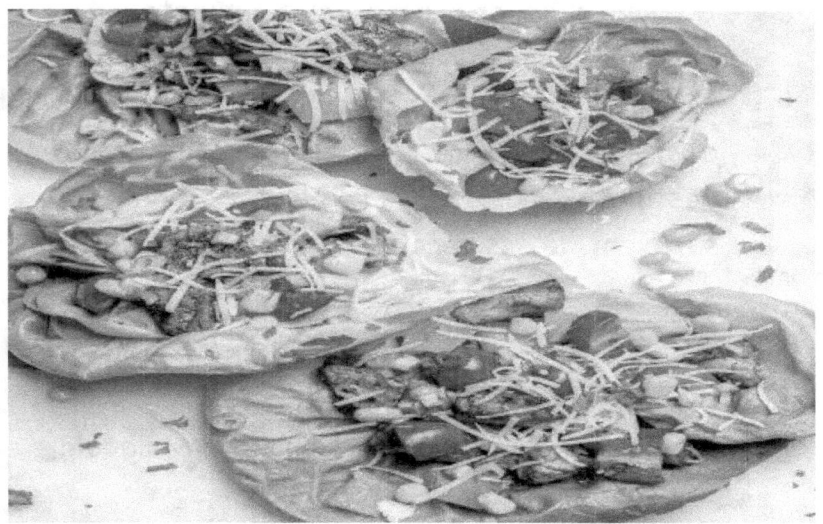

carbohidrați

INGREDIENTE

- 1/2 cană de dovleac, italian, feliat
- 1 cană de făină de migdale
- 2 linguri amidon de porumb
- 4 ouă
- 1 1/2 cani de lapte
- după gust de sare
- suficient ulei spray Nutrioli®, pentru tortilla
- suficient ulei spray Nutrioli®, pentru a sota fajitas
- 1 cană ceapă, tăiată cubulețe
- 2 căni de pui, tăiate cubulețe

- 1/2 cani de ardei gras verde, taiat cubulete
- 1/2 cani ardei gras rosu, taiat cubulete
- 1/2 cani de ardei gras galben, taiat cubulete
- 1 cană de brânză Manchego, rasă
- destul de coriandru, pentru a decora
- destul de lamaie, pentru a insoti
- suficient de sos verde, pentru a însoți

PREGĂTIREA

1. Amestecați dovleacul, făina de migdale, amidonul de porumb, oul, laptele și sarea.
2. Într-o tigaie antiaderentă se adaugă Nutrioli® Spray Oil și cu ajutorul unei linguri se modelează tortilla. Gatiti 3 minute pe fiecare parte. Rezervare.
3. Intr-o tigaie la foc mediu adauga uleiul Nutrioli® Spray, ceapa, puiul, sarea si piperul. și fierbeți timp de 10 minute.
4. Se adauga ardeii si se fierbe 5 minute; se adauga branza si se fierbe pana se topeste.
5. Se formează tacos, se decorează cu coriandru și se servesc cu lămâie și sos verde.

28. Quinoa Yakimeshi

INGREDIENTE

- 1 cană quinoa tricoloră organică Goya
- 1 1/2 cani de apa
- după gust de sare
- 1 lingura de ulei de masline
- 1 lingura arpagic
- 1 lingura de ceapa
- 1/2 cani de morcov
- 1/2 cani de dovleac
- 1 1/2 cani de pui
- 1 ou
- 1/4 cană sos de soia
- destul de arpagic, pentru a decora

PREGĂTIREA

1. Intr-o oala mica adauga Quinoa organica Goya tricolora, apa si sarea. Acoperiți și gătiți la foc mic timp de 20 de minute. Rezervare.
2. Intr-o tigaie adanca se adauga uleiul de masline, se adauga ceapa, arpagicul, morcovul si dovleacul. Adăugați puiul și gătiți timp de 10 minute.
3. Faceți un cerc în centrul cratiței și turnați oul, amestecați până când este fiert și integrat.
4. Adăugați Quinoa organică tricoloră Goya, sosul de soia și amestecați.
5. Se ornează cu arpagic și se servește fierbinte.

29. Rulouri de castraveți umplute cu salată de ton

INGREDIENTE

- 1 castravete
- 1 cană de ton conservat, scurs
- 1 avocado, taiat cubulete
- 1/4 cană maioneză
- 1 lingura de suc de lamaie
- 1/4 cani de telina
- 2 linguri chile chipotle macinat
- 1 ardei cuaresmeño, tocat mărunt
- destulă sare
- destul de piper

PREGĂTIREA

1. Cu ajutorul unui curățător, tăiați castravetele și îndepărtați felii subțiri.
2. Se amestecă tonul cu avocado, maioneza, sucul de lămâie, țelina, chipotle măcinat, ardeiul cuaresmeño și se condimentează cu sare și piper.
3. Pune niște ton pe una dintre șipcile de castraveți, rulează și repetă cu toate celelalte. Se serveste si se decoreaza cu piper cuaresmeño.

30. Avocado Umplut Ceviche Cu Habanero

INGREDIENTE

- 400 de grame de pește alb, tăiat cubulețe
- 1/2 cani de suc de lamaie
- 1/4 cani de suc de portocale
- 1/2 linguri ulei de masline
- 1 castravete, cu coaja, taiat cubulete
- 2 tomate, tăiate cubulețe
- 1 roșie, tăiată cubulețe
- 2 ardei habanero, tocați mărunt
- 1/4 ceapa rosie, tocata marunt
- 1/2 cană de ananas, tăiat cubulețe
- 1/4 cani de coriandru proaspat, tocat marunt
- 1 lingura otet de mere

- 1/2 linguriță de sare
- 1 lingurita piper alb, macinat
- 2 Avocado din Mexic
- 1 ridiche, feliată subțire, pentru ornat

PREGĂTIREA

1. Intr-un bol, marinam pestele cu zeama de lamaie, sucul de portocale si uleiul de masline, dam la frigider pentru aproximativ 20 de minute.
2. Scoatem pestele din frigider si amestecam cu castravetele, tomatillo, rosiile, ardeiul habanero, ceapa rosie, ananasul, coriandru, otetul de mere si asezonam cu sare si piper alb.
3. Tăiați avocado în jumătate, îndepărtați sâmburele și coaja, umpleți fiecare jumătate cu ceviche și decorați cu ridichi.

31. Tort de ciocolată Keto

INGREDIENTE

- 10 ouă
- 1 1/4 cani de fructe de calugar
- 1 cană făină de cocos
- 1 cană de cacao
- 1/2 cani de lapte de cocos
- 1 lingura de bicarbonat de sodiu
- 1 lingura de praf de copt
- 1 cană ciocolată neagră, topită
- 1/2 cană ulei de cocos, topit
- suficient ulei de cocos, pentru a unge
- destul de cacao, pentru mucegai
- 1/2 cani de lapte de cocos
- 1 cană de ciocolată neagră
- 1 cană de migdale, file, pentru a decora
- 1 cană de zmeură, pentru a decora

- suficientă ciocolată, în așchii, pentru a decora

PREGĂTIREA

1. Preîncălziți cuptorul la 170 ° C.
2. Intr-un vas de blender, batem ouale cu fructele de calugar pana isi dubleaza volumul, adaugam treptat faina de cocos, cacao, laptele de cocos, bicarbonatul de sodiu, praful de copt, ciocolata neagra si uleiul. nucă de cocos. Bateți până se încorporează și obțineți un amestec omogen.
3. Ungeți o tavă de tort cu ulei de cocos și stropiți cu cacao.
4. Se toarnă amestecul de tort și se coace 35 de minute sau până când scobitoarea introdusă iese curată. Se lasa sa se raceasca si se desfac.
5. Se încălzește laptele de cocos într-o oală la foc mediu pentru bitum, se adaugă ciocolata neagră și se amestecă până se topește complet. Dați la frigider și rezervați.
6. Bateți glazura până își dublează volumul.
7. Acoperiți tortul cu bitum, decorați cu migdale prăjite, zmeură și așchii de ciocolată.
8. Tăiați o felie și bucurați-vă.

32. Marielle Henaine

INGREDIENTE

- destulă apă
- destulă sare
- 2 căni de conopidă, tăiată în bucăți mici
- 1 cana crema de branza
- 1/3 cani de unt
- 1 lingura de oregano
- destulă sare
- destul de piper alb
- destul de arpagic

PREGĂTIREA

1. Intr-o oala cu apa clocotita se adauga sarea si conopida, se fierbe pana se omogenizeaza. Scurgeți și răciți.
2. Puneți conopida, crema de brânză, untul, sarea și piperul în procesor. Procesați până obțineți un piure foarte fin.
3. Gatiti piureul intr-o tigaie la foc mediu pentru a se ingrosa, corectati condimentele si serviti cu arpagic tocat.

33. Chayotes Umplute Cu Salpicón

INGREDIENTE

- destulă apă
- 1 praf de sare
- 2 chayotes, decojite și tăiate la jumătate
- 1 1/2 cani de piept de vita, gatita si tocata
- 1/4 cani ceapa rosie, tocata marunt
- 2 roșii verzi, tăiate cubulețe
- 2 ardei serrano murati, feliati
- 1 cana salata verde, tocata marunt
- 1 lingura oregano, uscat
- 1/4 cană suc de lămâie
- 2 linguri ulei de masline
- 1 lingura de otet alb

- praf de sare
- destul de piper
- 1/2 avocado, feliat

PREGĂTIREA

1. Într-o oală cu apă clocotită și sare, gătiți chayotes până se înmoaie, aproximativ 15 minute. Scoateți, scurgeți și rezervați.
2. Pe o tabla si cu ajutorul unei linguri se scobi chayote si se toaca marunt umplutura.
3. Pentru salpicón, într-un bol amestecați carnea mărunțită cu ceapa mov, roșia verde, ardeiul serrano, salata verde, coriandru, oregano, zeama de lămâie, uleiul de măsline, oțetul, chayote umplut cu sare și piper.
4. Umpleți chayotes cu salpicón și decorați cu avocado.

34. Bulion de pui cu orez de conopida

INGREDIENTE

- 2 litri de apa
- 1 piept de pui, cu os și fără piele
- 1 catel de usturoi
- 2 foi de dafin
- destulă sare
- 1 conopidă, tăiată în bucăți mici
- 2 chayotes, decojite și tăiate cubulețe
- 2 dovleci, tăiați cubulețe
- 2 ardei serrano, tocați mărunt
- suficient de avocado, feliat, pentru a servi
- suficient de coriandru proaspăt, tocat mărunt, pentru a servi
- destul de lamaie, pentru a servi

PREGĂTIREA

1. Pentru bulion se incinge apa intr-o oala si se caleste pieptul de pui cu usturoiul, dafinul si sarea. Se acoperă și se fierbe până când pieptul este fiert, aproximativ 40 de minute.
2. Scoateți pieptul de pui, răciți și măruntiți. Strecurați bulionul de pui pentru a îndepărta impuritățile și grăsimea.
3. Amestecați conopida într-un robot de bucătărie până când bucăți foarte mici au o consistență de „orez".
4. Se pune bulionul la fiert acoperit, odată ce dă în clocot, se adaugă chayotes și se fierbe câteva minute fără a dezvălui oala. Adăugați dovleceii și ardeiul serrano, fierbeți până se înmoaie. Odată ce legumele sunt fierte, se adaugă conopida și puiul, se mai gătesc 5 minute și se condimentează.
5. Serviți bulionul de pui cu avocado, coriandru și câteva picături de lămâie.

35. Salata de varza si pui

INGREDIENTE
- 1 piept de pui, fiert s tocat
- 1 cană de varză albă, tăiată fâșii
- 1 cană de maioneză
- 2 linguri muștar
- 1 lingura de otet alb
- destulă sare
- destul de piper

PREGĂTIREA
1. Intr-un bol amestecam puiul cu varza, maioneza, mustarul, otetul, asezonam cu sare si piper.
2. Serviți și savurați.

36. Pui Frip Cu Guajillo

INGREDIENTE

- 2 catei de usturoi
- 7 chiles guajillo, devenați și fără semințe
- 1 cană de unt, la temperatura camerei
- 1 lingura praf de ceapa
- 1 lingura oregano, uscat
- 1 lingura de sare
- 1/2 linguri de piper
- 1 pui, cu pielea, curățat și tăiat fluture (1,5 kg)

PREGĂTIREA

1. Preîncălziți cuptorul la 220 ° C.
2. Pe un comal, prăjiți usturoiul și ardeiul guajillo. Scoateți și amestecați până obțineți o pudră fină.
3. Într-un castron, amestecați untul cu pudra de chili guajillo și usturoiul, praf de ceapă, oregano, sare și piper.
4. Ungeți puiul cu amestecul de unt pe toate părțile, inclusiv între piele și carne. Așezați-l pe o foaie de copt și coaceți timp de 45 de minute.
5. Scoateți puiul din cuptor, glazurați din nou cu unt și reduceți temperatura cuptorului la 180 ° C.
6. Coaceți din nou încă 15 minute sau până când sunt fierte. Scoateți și serviți, însoțiți de o salată verde.

37. Orez Poblano Broccoli

INGREDIENTE

- 1 broccoli, (1 1/2 cană) tăiat în bucăți mici
- 1 catel de usturoi
- 2 ardei poblano, tatemados, transpirați, fără piele și fără semințe
- 1/2 cani de bulion de legume
- 1 lingura praf de ceapa
- destulă sare
- 1 lingura de ulei
- 1 cană de poblano rajas
- destul de coriandru proaspăt, pentru a decora

PREGĂTIREA

1. Puneți broccoli în procesor și zdrobiți până capătă o consistență de „orez".
2. Amestecă usturoiul cu ardeii poblano, bulionul de legume, praful de ceapă și sarea, până obții un amestec omogen.
3. Într-o cratiță, încălziți uleiul la foc mediu și gătiți broccoli pentru câteva minute. Se adauga amestecul anterior si feliile, se fierbe la foc mic pana se consuma lichidul. Rectificați condimentele.
4. Serviți orezul decorat cu coriandru.

38. Dovleci umpluti cu salata cremoasa de pui

NGREDIENTE

- destulă apă
- destulă sare
- 4 dovlecei verzi, italian
- 2 cani de pui, fiert si tocat
- 1/3 cani maioneza, ardei iute
- 1 lingură muştar, galben
- 1/4 cani de coriandru proaspat, tocat marunt
- 1/2 cani de telina, tocata marunt
- 1/2 cani de bacon, prajita si tocata
- 1 lingura praf de ceapa
- 1/2 linguri praf de usturoi
- destulă sare
- destul de piper

- destul de coriandru proaspăt, Frunze, pentru a decora

PREGĂTIREA

1. Se incinge apa cu sare intr-o oala, cand da in clocot adaugati dovleceii si gatiti 5 minute. Scurgeți și răciți.
2. Pentru salata se amesteca puiul maruntit cu maioneza cu ardei iute (amesteca maioneza cu pudra de chili uscat si gata), mustarul, coriandru, telina, baconul prajit, praful de ceapa, pudra de usturoi, sarea si piper.
3. Cu ajutorul unui cuțit, tăiați vârfurile dovlecilor, tăiați în jumătate pe lungime și scobiți cu ajutorul unei linguri.
4. Umpleți dovleceii cu salata și decorați cu coriandru proaspăt. Servește.

39. Salata Arrachera Cu Vinaigreta Fina De Ierburi

INGREDIENTE

- 400 de grame de friptură de flanc, tăiată cubulețe
- destulă sare
- destul de piper
- 1 lingura de ulei de masline
- 3 linguri de otet alb, pentru vinegreta
- 1/2 linguri de mustar de Dijon, pentru vinegreta
- 1/2 linguri de rozmarin proaspat, pentru vinegreta
- 1/2 linguri de cimbru uscat, pentru vinegreta

- 1/2 linguri de oregano uscat, pentru vinegreta
- 1/2 cani de ulei de masline, pentru vinegreta
- 2 cani de salata mixta, pentru salata
- 1 cană baby spanac
- 1 cană inimă de anghinare, tăiată la jumătate

PREGĂTIREA

1. Se condimentează friptura cu sare și piper și se gătește într-o tigaie la foc mediu cu ulei de măsline până la finalul dorit. Retrageți și rezervați.
2. Pentru vinegretă, amestecați oțetul alb cu muștarul, rozmarinul, cimbru, oregano, sare și piper. Fără a opri amestecarea, se adaugă uleiul de măsline sub formă de fir până se emulsionează, adică amestecul este complet integrat.
3. Într-un castron, amestecați salata verde cu spanacul, inimile de anghinare, friptura de flanc și vinaigreta. Serviți și savurați.

40. Cum să faci chifteluțe de pui în sos Morita Chili

INGREDIENTE

- 500 de grame de carne de pui măcinată
- 1 lingura praf de usturoi
- 1 lingura praf de ceapa
- 1 lingura patrunjel, tocat marunt
- 1 lingura coriandru proaspat, tocat marunt
- destulă sare
- destul de piper
- linguri de ulei de măsline
- 2 căni de roșii verzi, tăiate în sferturi
- 2 catei de usturoi
- 2 ardei morita, devenati si fara samburi

- 1 cană de supă de pui
- 1 ramură de coriandru proaspăt
- 1/4 lingura chimen macinat, intreg
- 1 lingura de ulei de masline
- destul de patrunjel chinezesc, pentru a insoti

PREGĂTIREA

1. Se amestecă carnec de pui măcinată cu praful de usturoi praful de ceapă, pătrunjelul, coriandru, se condimentează cu sare și piper.
2. Cu ajutorul mâinilor, formați chiftelele și rezervați.
3. Încinge uleiul la foc mediu într-o cratiță și prăjește roșiile, usturoiul și ardeiul iute timp de 5 minute. Umpeți cu bulion de pui, coriandru și chimen, fierbeți timp de 5 minute. Se răcește ușor.
4. Mixați preparatul anterior până obțineți un sos omogen.
5. Se prăjește din nou sosul cu puțin ulei, se gătește 10 minute la foc mediu, se adaugă chiftelele și se acoperă și se fierbe până când chiftelele sunt fierte.
6. Se servesc chiftelele si se orneaza cu patrunjel.

41. Crusta Umplută Cu Carne Cu Nopales

INGREDIENTE

- 1 lingura de ulei
- 1 cană de nopal, tăiat cubulețe
- 500 de grame de friptură de vită, tocată
- 1 cană de brânză Manchego, rasă
- 1 cană brânză gouda, rasă
- 1/2 cani de parmezan, ras
- suficient de sos verde, pentru a servi
- 1/2 avocado, de servit, feliat
- suficient de coriandru proaspăt, proaspăt, pentru a servi
- destul de lamaie, pentru a servi

PREGĂTIREA

1. Se incinge o tigaie la foc mediu cu ulei, se adauga nopalele si se fierbe pana nu au babita, apoi se caleste friptura de vita cu nopalele si se condimenteaza cu sare si piper dupa bunul plac. Se ia de pe foc.
2. Se încălzește o tigaie la foc mare și se gătesc brânzeturile până se formează o crustă, se scot din tigaie și se pliază într-o formă de taco, se lasă să se răcească să se întărească. Repetați până se termină cu brânzeturile.
3. Umpleți crustele de brânză cu carne și serviți cu sosul verde, avocado, coriandru și lămâie.

42. Spaghete de dovleac cu cremă de avocado

INGREDIENTE

- 2 avocado
- 1/4 cani de coriandru, fiert
- 1 lingura de suc de lamaie
- 1 praf de sare
- 1 praf de piper
- 1/2 linguri praf de ceapa
- 1 catel de usturoi
- 1 lingura de ulei de masline
- 4 cesti de dovleac, in taitei
- 1 lingura de sare
- 1 lingura de piper
- 1/4 cani de parmezan

PREGĂTIREA

1. Pentru sos, procesați avocado cu coriandru, sucul de lămâie, sare, piper, praf de ceapă și usturoi până obțineți un piure fin.
2. Se incinge o tigaie la foc mediu cu ulei, se calesc taiteii de dovleac, se condimenteaza cu sare si piper, se adauga sosul de avocado, se amesteca si se fierbe 3 minute, se servesc cu putin parmezan si savurasca.

43. Omletă De Conopidă Cu Spanac și Serrano Chile

INGREDIENTE

- 1/2 cani de apa
- 2 căni de frunze de spanac
- 3 ardei serrano
- 1 cană făină de porumb
- 4 căni de Conopidă Eva® Bits, 454 g
- 1 lingura praf de usturoi
- după gust de sare
- dupa gust de piper
- destul de tinga de pui, pentru a însoți

PREGĂTIREA

1. Turnați Conopidă Eva Bits într-o oală cu apă fierbinte. Gatiti 4 minute, scurgeti si raciti sub jet de apa rece. Îndepărtați excesul de apă cu ajutorul unei cârpe de bumbac. Rezervați până la utilizare.
2. Amesteca spanacul, ardeiul serrano cu putina apa rece pana obtii un amestec pastos. Rezervați până la utilizare. Se strecoară și se rezervă pulpa.
3. Intr-un castron punem Conopida Eva Bits, praful de usturoi, porumbul, pulpa de spanac, sare si piper si amestecam pana se integreaza. Cu ajutorul mâinilor formați bile și rezervați.
4. Într-o presă pentru tortilla, puneți un plastic și apăsați mingea pentru a forma tortilla.
5. Pe un comal, la foc mediu, gătiți tortilla pe ambele părți până se rumenește ușor.
6. Însoțiți tortilla cu tinga de pui.

44. Conopida Prăjită Cu Ou Și Avocado

INGREDIENTE

- 1 conopida
- 1 lingura de ulei de masline
- 1/4 cani de parmezan
- 2 linguri praf de usturoi
- 1 lingura de sare
- 1 lingura de piper
- 4 ouă
- 1 avocado, tăiat felii
- destul de oregano, proaspăt

PREGĂTIREA

1. Preîncălziți cuptorul la 200 ° C.
2. Tăiați felii de conopidă groase de 1 până la 2 degete, puneți-le pe o tavă de copt. Se fac baie cu ulei de masline, parmezan, praf de usturoi, putina sare si piper.
3. Coaceți timp de 15 minute sau până când conopida este gătită și devine maro aurie. Scoateți din cuptor și rezervați.
4. Se încălzește o tigaie la foc mediu și se unge cu puțin spray de gătit. Spargeți un ou și gătiți până la termenul dorit. Asezonați după bunul plac.
5. Pe fiecare felie de conopida se pune putin avocado, un ou instelat, se decoreaza cu oregano, se serveste si se savura.

45. Chayote Carpaccio

INGREDIENTE

- 4 chayote
- după gust de sare
- 1/2 cani de busuioc, pentru dressing
- 1/2 cani de menta, pentru dressing
- 1/4 cani de suc galben de lamaie, pentru dressing
- 1/4 cani de ulei de masline, pentru dressing
- 1/2 cană de dovleac, feliat
- 1 lingurita de pudra de chili, pentru a decora
- suficient de germeni de lucernă, pentru a decora

- destul de floare comestibilă, pentru a decora

PREGĂTIREA

1. Pe o placă, curățați chayotes, tăiați-le în felii de ½ cm grosime. Rezervare
2. Într-o oală cu apă, gătiți chayotes timp de 5 minute, luați de pe foc și scurgeți. Rezervare.
3. Intr-un procesor adauga busuiocul, menta, zeama de lamaie si uleiul de masline, proceseaza timp de 3 minute. Rezervare
4. Pe o farfurie se aseaza feliile de chayote, se condimenteaza cu sare, se adauga feliile de dovleac, sosul de busuioc si menta, se asezoneaza cu pudra de chili, se decoreaza cu germeni de lucerna si flori comestibile. Bucurați-vă!

46. Enchilada verde de conopidă cu pui

INGREDIENTE

- 4 cani de conopida, rasa, pentru tortilla de conopida
- 1/2 cană de brânză Chihuahua, cu conținut scăzut de grăsimi, rasă, pentru tortilla de conopidă
- 2 oua, pentru omletele de conopida
- 5 căni de apă, pentru sosul verde
- 10 rosii verzi, pentru sosul verde
- 4 ardei serrano, pentru sosul verde
- 1/4 ceapa, pentru sosul verde
- 1 catel de usturoi, pentru sosul verde

- dupa gust de sare, pentru sosul verde
- dupa gust de piper, pentru sosul verde
- 1 lingura de ulei de masline, pentru sosul verde
- 2 cani de piept de pui, fiert si tocat
- suficientă brânză Manchego, săracă în grăsimi, pentru a se gratina
- suficientă smântână cu conținut scăzut de grăsimi, pentru a însoți
- a gust de avocado, a însoți
- după gust de ceapă, a însoți

PREGĂTIREA

1. Într-un bol, puneți conopida, acoperiți cu plastic antiaderent, gătiți 4 minute în cuptorul cu microunde. Se strecoară pentru a elimina apa și se rezervă.
2. Amesteca conopida cu branza, ouale, asezoneaza cu sare si piper si amesteca pana se incorporeaza.
3. Se pune amestecul de conopida pe o tava tapetata cu hartie cerata si se intinde la dimensiune si forma. Se coace 15 minute la 180°C.
4. Umpleți tortilla cu puiul mărunțit și rezervați.
5. Într-o oală cu apă, gătiți roșiile, ardeii serrano, ceapa și usturoiul la foc mediu.

Lasam sa se raceasca, amestecam si rezervam.
6. Intr-o oala la foc mic se incinge uleiul de masline, se toarna sosul, se condimenteaza cu sare si piper si se fierbe 10 minute sau pana se ingroasa.
7. Se servesc enchiladas pe o farfurie intinsa, se fac baie cu sosul iute, se adauga branza Manchego, se gratina la microunde 30 de minute, se decoreaza cu crema, avocado si ceapa.

47. Frigărui Keto de mare și uscat

INGREDIENTE

- 1 cană de dovleac
- 1 cană de ardei roșu
- 1 cană de creveți, proaspeți, medii
- 1 cană de ardei gras galben
- 1 cană de file de vită, în cuburi medii, pentru frigărui
- 1 cană de ardei verde
- suficient spray de gătit
- 1 cană de maioneză, ușoară
- 1/4 cană coriandru
- 1/4 cani de patrunjel
- 1 lingura de suc de lamaie

- 1 lingura praf de usturoi
- după gust de sare

PREGĂTIREA

1. Pe o placă tăiați dovleacul în felii. În mod similar, tăiați ardeii în pătrate medii și rezervați.
2. Introduceți dovleceii, ardeiul gras roșu, creveții, ardeiul gras galben, friptura de vită, ardeiul gras verde pe bețișoare de frigărui și repetați până se umple.
3. Gatiti pe un gratar cu putin spray de gatit, la foc mediu, timp de 15 minute.
4. Pentru dressingul cu coriandru: Amestecați maioneza, coriandorul, pătrunjelul, sucul de lămâie, pudra de usturoi și sarea până la omogenizare.
5. Servește frigăruile cu dressingul de coriandru și savurează-te.

48. Dovlecel prăjit cu brânză de vaci

INGREDIENTE

- 3 dovlecei, alungiti
- 2 linguri ulei de masline
- după gust de sare
- dupa gust de piper
- 50 de grame de brânză de vaci
- 1 lingura patrunjel, tocat
- 1/2 linguriță suc de lămâie, fără semințe
- 2 cesti baby spanac, frunze
- 1/2 cană busuioc, frunze

PREGĂTIREA

1. Pe o placă, tăiați capetele dovleceilor, feliați-le pe lungime și ungeți-le cu ulei de măsline. Se condimentează cu sare și piper.
2. Pe un gratar incins la foc mediu, asezam feliile de dovlecel, gratarul pe ambele parti pentru aproximativ 5 minute. Se ia de pe foc și se rezervă.
3. Intr-un bol amestecam branza de vaci, patrunjelul si sucul de lamaie pana se integreaza.
4. Întindeți feliile de dovleac pe o placă, puneți o jumătate de lingură din amestecul anterior la 2 centimetri de marginea dovleacului. Acoperiți cu frunze de baby spanac după gust și adăugați o frunză de busuioc. Rulează-te.
5. Serviți imediat și savurați.

49. Omleta Poblano

INGREDIENTE

- 1 cană de ardei poblano, prăjit și tăiat felii, pentru sos
- 1/4 ceapa, pentru sos
- 1 catel de usturoi, pentru sos
- 1/2 cani de jocoque, pentru sos
- 1 cană de lapte degresat, ușor, pentru sos
- dupa gust de sare, pentru sos
- dupa gust de piper, pentru sos
- 1 lingura de ulei de masline, pentru sos
- 4 ouă
- 2 linguri lapte degresat, usor
- 1 lingurita praf de ceapa

- suficient spray de gătit
- suficientă brânză panela, în cuburi, cât să se umple
- suficientă ceapă roșie, feliată, pentru a însoți

PREGĂTIREA

1. Amestecați feliile de ardei poblano cu ceapa, usturoiul, jocoque, laptele degresat, asezonați cu sare și piper.
2. Se încălzește o oală la foc mediu, se încălzește uleiul și se toarnă sosul, se fierbe 10 minute, sau până capătă o consistență groasă.
3. Pentru omleta, intr-un bol se bat ouale cu laptele, praful de ceapa, se asezoneaza cu sare si piper. Rezervare.
4. Intr-o tigaie de teflon adaugam putin ulei de masline in spray si turnam preparatul anterior, gatim 5 minute la foc mic pe fiecare parte. Se ia de pe foc și se rezervă.
5. Umpleți omleta cu brânză panela, serviți pe o farfurie extinsă, faceți baie cu sosul poblano, decorați cu ceapă roșie și savurați.

50. Prajitura cu ou cu sparanghel

INGREDIENTE

- suficient spray de gătit
- 12 albusuri
- 1/2 cani de ceapa
- 1/2 cani de ardei gras
- 1/2 cani de sparanghel
- după gust de sare
- dupa gust de piper
- 1/4 lingurita praf de usturoi

PREGĂTIREA

1. Preîncălziți cuptorul la 175 ° C.
2. Pulverizați tava pentru cupcake cu puțin spray de gătit.
3. Adăugați albușurile, ceapa, ardeii, sparanghelul, sarea, piperul și pudra de usturoi într-un mixer și bateți timp de 5 minute.
4. Se toarnă amestecul în tavile pentru cupcake, până la ¾ la sută pline, și se coace timp de 20 de minute sau până când este gata. Desfaceți.
5. Serviți și savurați.

RETETA UIMIZANTĂ, SĂRĂ CARBOHIDRATI

51. TORTILĂ PRIMITIVĂ

INGREDIENTE
- 1 lingura (15 ml) unt cu sare
- 30 g ciuperci tocate
- 30 g ceapa tocata
- 30 g ardei roșu tocat
- 4 ouă medii
- 30 ml crema de lapte
- 1/4 linguriță (1 ml) sare
- 1/8 linguriță (0,5 ml) piper proaspăt măcinat
  14 g brânză cheddar mărunțită (opțional)

PREGĂTIREA

1. Acesta este micul dejun primitiv prin excelență și o modalitate fantastică de a abandona treptat micul dejun tipic cu carbohidrați. Dacă obișnuiți să începeți ziua cu cereale, pâine prăjită și suc, să luați o tortilla delicioasă vă va ține săturat ore întregi și va face din primii pași în dieta paleolitică și ketogenă o adevărată plăcere.
2. Topiți jumătate din unt la foc mediu într-o tigaie. Adăugați legumele și căleți-le timp de cinci până la șapte minute. Scoateți legumele din tigaie.
3. În aceeași tigaie, topim restul de unt. Intr-un castron mic, batem ouale cu smantana, sare si piper. Înclinați tigaia astfel încât untul să acopere întreg fundul. Se toarnă amestecul de ouă și se repetă mișcarea.
4. Gatiti fara a amesteca. Când oul se întărește pe margini, folosiți o spatulă de silicon pentru a-l îndepărta de pe părțile laterale ale cratiței. Înclinați tigaia astfel încât amestecul de ouă care ocupă centrul să ajungă la margini.
5. Cand amestecul de oua este inchegat, pune legumele pe una din jumatati de tortilla. Stropiți cu jumătate de brânză (dacă este

folosit) și pliați cu grijă tortilla pentru a le acoperi. Se pune tortilla pe o farfurie si se presara cu restul de branza. Serviți imediat.

52. SALATĂ CU OUĂ PENTRU MICUL DEJUN

INGREDIENTE

- ½ avocado mediu
- 1/3 cană (75 ml) de maioneză Primal Kitchen sau altă maioneză potrivită pentru dieta paleolitică (vezi Nota)
- 6 ouă fierte tari mari
- 4 felii de bacon (fara zahar adaugat), fierte pana devine crocante
- 2 linguri (30 ml) ceai verde foarte tocat
- lingurita (2 ml) tahini (vezi Nota) Piper proaspat macinat

PREGĂTIREA

1. Această salată gustoasă cu ouă este fantastică servită singură sau pe un pat de spanac. De asemenea, puteți prăji ușor o felie de pâine Keto și puteți pregăti un sandviș cu salata.
2. Într-un castron mediu, zdrobiți avocado cu o furculiță. Se adauga maioneza si se amesteca pana se formeaza o masa omogena.
3. Tăiați ouăle fierte tari. Adăugați-le în amestecul de maioneză și amestecați totul cu o furculiță, zdrobind oul (ar trebui să fie puțin gros).
4. Toaca baconul. Adăugați bucățile, arpagicul și tahini la amestecul de ouă. Se amestecă. Încercați să adăugați piper.

53. CREPE DE FAINA DE COCOS CU NUCA DE MACADAMIA

INGREDIENTE

- 3 ouă mari
- cană (60 g) unt fără zahăr topit
- cană (60 g) smântână groasă
- cană (60 g) lapte de cocos întreg
- linguriță (2 ml) extract de vanilie ¼ cană (30 g) făină de cocos </
- ¼ linguriță (1 ml) de sare cușer
- lingurita (2 ml) scortisoara macinata
- Îndulcitor potrivit pentru dieta ketogenă, după gust (opțional; vezi Nota)
- ceasca (30 g) nuci de macadamia tocate sau macinate Ulei de cocos pentru a unge gratarul

PREGĂTIREA

1. Crepele din făină de cocos sunt un înlocuitor excelent pentru cele făcute cu făină albă sau integrală. Nucile de macadamia adaugă grăsimi sănătoase și o textură interesantă; daca le lasi bucati mai mari, vei obtine crepe crocante. Puteți înlocui smântâna groasă cu mai mult lapte de cocos dacă nu doriți să folosiți produse lactate. Se serveste fierbinte cu unt, unt de migdale, unt de cocos sau crema de lapte de cocos.
2. Într-un castron mediu, bate ouăle împreună cu untul, smântâna, laptele de cocos și vanilia.
3. Într-un castron mic, amestecați cu o furculiță făina, sarea, drojdia, scorțișoara și îndulcitorul. Desfaceți cocoloașele și încorporați ingredientele uscate.
4. Se toarnă nucile de macadamia și se amestecă. Aluatul va fi gros. Adaugam apa foarte putin cate putin pana capata consistenta dorita.
5. Încingeți un grătar sau o tigaie cu fund plat la foc mediu. Când este gata, ungeți ușor cu ulei de cocos. Pune aluatul pe gratar la linguri mari. Va fi necesar să folosiți o lingură sau o spatulă pentru a întinde aluatul ușor pentru a

forma un crep mai subțire, deoarece textura acestuia nu va fi cea a aluatului tradițional.
6. Gatiti incet, cateva minute pe fiecare parte, pana se formeaza bule. Întoarceți-vă. Se serveste fierbinte.

54. TIGAIE PENTRU HAMBURGER

INGREDIENTE

- 900 g carne tocată de vită
- 2 catei de usturoi feliati
- 1 lingurita (5 ml) oregano uscat
- 1 linguriță (5 ml) de sare cușer
- linguriță (2 ml) piper negru 3 căni (85 g) baby spanac proaspăt
- 1 ½ cană (170 g) brânză măruntită (cheddar sau similar) 4 ouă mari

PREGĂTIREA

1. Mă orientez către acest fel de mâncare în orice moment al zilei, dar mai ales la micul dejun. Simțiți-vă liber să adăugați câteva bucăți de slănină prăjită pentru a vă bucura de un cheeseburger și slănină.
2. Preîncălziți cuptorul la 200 ° C.
3. Într-o tavă potrivită pentru cuptor (de exemplu, fontă) se rumenește carnea tocată. Dupa vreo cinci minute, cand este putin gata, il dam deoparte si adaugam usturoiul. Se caleste un minut si se amesteca cu carnea. Adăugați oregano, sare și piper și amestecați bine.
4. Adăugați pumnii în pumni de spanac pe măsură ce se înmoaie. Imediat ce tot spanacul este incorporat, scoatem tava din cuptor. Adăuga
5. ceașcă (120 g) de brânză și amestecați.
6. Întindeți carnea uniform în tigaie. Apoi, faceți patru găuri în partea de sus a cărnii și decojiți cu grijă câte un ou în fiecare. Se presară cu restul de brânză.
7. Coaceți zece minute. Albusurile trebuie coagulate si galbenusurile inca lichide Se mai lasa cateva minute la cuptor pentru a obtine

galbenusuri mai tari. Serviți fiecare porție pe o farfurie.

55. NAP HASH BROWNS

INGREDIENTE

- 2 napi medii (230 g) spalati si curatati de coaja
- 1 ou mare
- 1 lingură (15 ml) făină de cocos (opțional)
- 1 linguriță (5 ml) de sare cușer și încă puțin, după gust ½ linguriță (2 ml) de piper negru
- 2 linguri (30 ml) de slănină sau grăsime de unt, sau mai mult dacă este necesar
- Smântână (opțional)
- Arpagic tocat (optional)

PREGĂTIREA

1. Când ați încercat aceste hash browns, varianta cu cartofi va părea fadă în comparație. Serviți cu o frittata pentru a vă bucura de un brunch ketogenic complet.
2. Tăiați napii în julienne cu o răzătoare cutie sau cu un robot de bucătărie.
3. Bateți oul într-un castron mare și adăugați napii. Se incorporeaza amestecand faina, sarea si piperul.
4. Încinge o tigaie mare cu fund plat la foc mediu-mare. Odată fierbinte, adăugați grăsimea de bacon; Cand s-a topit, scade putin focul.
5. Mai amestecați puțin napii și adăugați-i în porții de ½ cană (120 ml) aproximativ în grăsime fierbinte. Strângeți-le puțin cu o spatulă pentru a le aplatiza. Gatiti trei pana la cinci minute, pana cand marginile devin maro auriu. Apoi, întoarceți-vă și gătiți pe cealaltă parte.
6. Se serveste pe un platou si se mai adauga putina sare. Dacă se dorește, se acoperă cu o porție de smântână și se decorează cu arpagic.

56. BOL CU IAURT GRECESC CU MIGDALE CROCANTE

INGREDIENTE

- cană (15 g) fulgi de nucă de cocos neîndulciți 2 linguri (15 g) migdale filetate
- 1 cană (250 ml) iaurt grecesc întreg
- 1/3 cană (80 ml) de lapte de cocos integral
- Îndulcitor pentru dieta Keto, după gust (opțional)
- 2 linguri (30 ml) unt de migdale crud (fara zahar adaugat)
- 2 linguri (15 g) boabe de cacao
- Puțină scorțișoară măcinată

PREGĂTIREA

1. Boabele de cacao sunt pur și simplu boabele prăjite ale plantei de cacao cu care se face ciocolata. Dar nu te aștepta să aibă același gust ca și ciocolata ta preferată. Sunt cacao pura, adica ciocolata neprocesata, fara zahar sau alte ingrediente. Boabele de cacao au multe beneficii pentru sănătate; De exemplu, sunt o sursă excelentă de magneziu, fier și antioxidanți. Acestea oferă 5 grame de carbohidrați per porție, dar 0 zahăr, așa că rămâne la latitudinea dvs. să decideți dacă îi includeți în această rețetă și, în acest caz, cât de mult faceți.
2. Într-o tigaie mică, prăjiți fulgii de nucă de cocos la foc mediu-mic și fără grăsime, până se rumenesc ușor. Repetați operatiunea cu migdalele feliate.
3. Se amestecă amestecând iaurtul, laptele de cocos și îndulcitorul, dacă este folosit. Împărțiți amestecul între două boluri. Adăugați câte o lingură (15 ml) de unt de migdale la fiecare și amestecați pentru a amalgama (nu se întâmplă nimic dacă totul este amestecat). Presărați deasupra niște

nucă de cocos prăjită, migdale măcinate, boabe de cacao și scorțișoară.

57. FRITTATA DE CARNE TOCATĂ, KALE ȘI BRÂNZĂ DE CAPRĂ

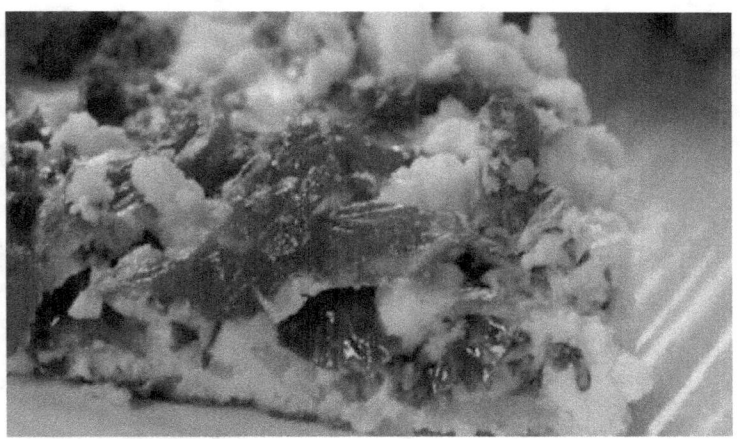

INGREDIENTE

- grămadă de kale (4 sau 5 frunze), de orice soi 1 lingură (15 ml) ulei de avocado
- 450 g carne de porc tocata
- 1 lingurita (5 ml) de salvie uscata
- 1 lingurita (5 ml) de cimbru uscat
- $\frac{1}{4}$ lingurita (1 ml) nucsoara macinata $\frac{1}{4}$ lingurita (1 ml) ardei rosu tocat 1 ceapa mica sau $\frac{1}{2}$ mare taiata cubulete

- 2 catei de usturoi feliati
- 8 ouă mari
- cană (120 ml) smântână groasă
- 1 cană (90 g) brânză de capră mărunțită sau mai mult, după gust

PREGĂTIREA

1. Fiecare pasionat al dietei keto ar trebui să știe cum să facă o frittata. Puteți folosi combinația de carne, brânză, legume, ierburi și condimente pe care o preferați.
2. Cu un cuțit ascuțit, îndepărtați tulpinile groase ale frunzelor de kale. Tăiați tulpinile cubulețe și tăiați frunzele. Rezervație.
3. Încinge uleiul la foc mediu într-o tigaie mare capabilă să gătească grătar (de exemplu, fontă). Cand este fierbinte se adauga carnea de porc. Gatiti cinci minute, amestecand din cand in cand.
4. Într-un castron mic, amestecați salvia, cimbrul, nucșoara și ardeiul roșu. Adăugați totul în carnea din tigaie și amestecați bine. Continuați să gătiți încă cinci minute, până când carnea de porc este bine făcută.
5. Cu o lingura cu fanta, transferati carnea intr-un castron. Dacă există multă grăsime în

tigaie, îndepărtați o parte lăsând doar una sau două linguri (15 până la 30 ml).
6. Adăugați ceapa și tulpinile de varză în tigaie. Se caleste aproximativ cinci minute, pana ce ceapa se inmoaie. Adăugați usturoiul și amestecați timp de un minut. Dacă este necesar, deglazează tigaia cu puțină apă, îndepărtând particulele prăjite.
7. Adăugați frunzele de varză în mână și amestecați pentru a se înmoaie până când toate frunzele sunt în tigaie și puțin gata. Adăugați carnea în tigaie și amestecați bine.
8. Bateți ouăle cu smântâna într-un castron mediu. Se toarnă amestecul peste carnea și legumele din tigaie formând un strat omogen. Gatiti fara a amesteca aproximativ cinci minute, pana cand oul incepe sa se intareasca.
9. Așezați grătarul cuptorului la înălțime medie (aproximativ 15 sau 20 cm de sus) și porniți grătarul. Acoperiți ouăle cu brânză de capră. Dați tava la cuptor și gratinați până se întărește oul și brânza de capră este ușor prăjită. Urmăriți frecvent pentru a nu arde.
10. Scoateți tava din cuptor și lăsați-o să stea câteva minute. Tăiați triunghiuri și serviți.

58. FULGI DE KETOAVENA STIL BRAD

INGREDIENTE

- cana (120 ml) lapte de cocos 3 galbenusuri de ou
- ¼ cană (60 ml) fulgi de cocos
- lingurita (2 ml) scortisoara macinata
- 1 lingurita (5 ml) extract de vanilie
- ceașcă (60 g) de nuci foarte măcinate (nuci, migdale, nuci pecan, nuci de macadamia sau un amestec)
- 2 linguri (30 ml) unt de migdale
- 1/8 lingurita (0,5 ml) sare (fara ea daca contine unt de migdale si sare)
- 1 lingură (15 ml) boabe de cacao (opțional)

Acoperiri

- ¼ cană (60 ml) lapte de cocos
- 2 lingurițe (10 ml) boabe de cacao (opțional)

PREGĂTIREA

1. Acesta este răspunsul lui Brad față de detractorii dietei Keto care susțin că nu pot trăi fără cerealele pentru micul cejun. Brad negociază cu hotelul Ritz-Carlton pentru a adăuga acest fel de mâncare la bufetul său sănătos de mic dejun... Glumesc! Rezervați albușurile pentru a pregăti macarons.
2. Amestecați laptele și fulgii de cocos, gălbenușurile de ou, scorțișoara, vanilia, nucile, untul de migdale, sarea și boabele de cacao (dacă sunt folosite) într-o cratiță medie. Se încălzește la foc mediu-mic, amestecând fără oprire, timp de trei sau patru minute.
3. Serviți în două boluri mici. Turnați fiecare două linguri (30 ml) de lapte de cocos și o linguriță de boabe de cacao. Mănâncă imediat.

59. BRIOȘE CU OUĂ ÎN FORME PENTRU ȘUNCĂ

INGREDIENTE

- 1 lingură (15 ml) ulei de cocos topit
- 6 felii de sunca fiarta (mai bine feliate subtiri)
- 6 ouă mari
- Sare si piper dupa gust
- 3 linguri (45 ml) brânză cheddar măruntită (opțional)

PREGĂTIREA

1. Aceste brioșe sunt micul dejun rapid perfect. Pregătește-le cu o seară înainte pentru a pune unul la cuptorul cu microunde sau la cuptor a doua zi. Asigurați-vă că cumpărați șuncă de bună calitate și nu cârnați ieftini.
2. Preîncălziți cuptorul la 200 ° C. Vopsiți șase cavități ale unei plăci de cupcake cu ulei de cocos topit.
3. Pune o felie de sunca si un ou in fiecare cavitate. Salpimentați și presărați ½ lingură (7,5 ml) de brânză deasupra fiecărui ou.
4. Coaceți timp de treisprezece până la optsprezece minute, în funcție de gradul de gătire preferat pentru gălbenușurile de ou.
5. Scoateți farfuria din cuptor și lăsați-o să se răcească câteva minute înainte de a îndepărta cu grijă «brioșele». Puneți la frigider într-un recipient de sticlă sau plastic pentru a nu se usca.

60 . SPECULOOS, RETETA SIMPLIFICATA

INGREDIENTE

- .250 g unt.
- 350 g făină, cernută.
- 200 g zahăr brun
- .5g bicarbonat de sodiu.
- 1 ou.
- 1 lingura de sare

PREGĂTIREA

9. Pregătirea speculoosului necesită o așteptare de 12 ore.
10. Amestecați 40 g de făină, bicarbonat de sodiu și sare într-un prim recipient.
11. Topiți untul.
12. Se pune intr-un al doilea recipient, se adauga zaharul brun, oul si se amesteca energic. Apoi adăugați făina rămasă în timp ce amestecați. Se amestecă totul și se lasă 12 ore la frigider.
13. După 12 ore de așteptare, ungeți foile de copt.
14. Întindeți aluatul, păstrând o grosime minimă (3 milimetri maxim) și tăiați-l folosind forme la alegere.
15. Coaceți totul timp de 20 de minute, urmărind gătirea.
16. Cel mai bine este să lăsați speculoosul să se răcească înainte de a mânca!

6 1. MIX DE CONDIMENTE CHAI

INGREDIENTE

- 2 lingurițe (10 ml) de scorțișoară măcinată
- 2 lingurițe (10 ml) cardamom măcinat
- 1 lingurita (5 ml) de ghimbir macinat
- 1 linguriță (5 ml) cuișoare măcinate
- 1 linguriță (5 ml) de ienibahar măcinat

PREGĂTIREA

1. Acest tort simplu poate fi pregătit în avans și durează doar câteva minute pentru a se asambla. Se pune la frigider si va fi gata dimineata. Daca il prepari in borcane mici cu capac filetat, le poti duce oriunde vrei. Din amestecul de condimente va iesi mai mult decat ai nevoie pentru aceasta reteta; Păstrați ceea ce obțineți într-un borcan de condimente gol.
2. Amesteca laptele de cocos cu semintele de chia, amestecul de condimente, vanilia si stevia intr-un bol (se poate folosi un mixer de mana sau de sticla daca se prefera o textura mai omogena).
3. Distribuiți amestecul în mod egal în două borcane sau boluri mici.
4. Dă la frigider cel puțin patru ore (dacă este posibil, peste noapte), astfel încât să se îngroașe.
5. Adăugați toppingurile, dacă sunt folosite, și serviți.

6 2. OUĂ OMLETĂ CU TURMERIC

INGREDIENTE

- 3 ouă mari
- 2 linguri (30 ml) smantana groasa (optional)
- 1 lingurita (5 ml) turmeric macinat
- Sare dupa gust
- Piper negru proaspăt măcinat după gust
- 1 lingura (15 g) de unt

PREGĂTIREA

1. Această variantă simplă de omletă de o viață este o modalitate delicioasă de a începe ziua și are efecte antiinflamatorii. Turmericul este foarte apreciat în mediile ce sănătate deoarece conține compusul numit „curcumină", care s-a dovedit în diverse studii a fi benefic în numeroase afecțiuni, de la artrită până la prevenirea carcerului. Nu te lipsi de piper negru, deoarece contine piperina, care imbunatateste absorbtia curcuminei de catre organism.
2. Intr-un castron mic, batem usor ouale cu crema. Adăugați turmeric, sare și piper.
3. Topiți untul la foc mediu într-o tigaie. Când începe să clocotească, turnați-l ușor peste amestecul de ouă. Amestecați des când ouăle încep să se întărească și gătiți timp de două sau trei minute.
4. Luați de pe foc, gustați, adăugați mai multă sare și piper dacă este necesar și serviți.

6 3. LAPTE DE COCOS

INGREDIENTE

- Lapte de cocos și ¼ de cană de afine proaspete
- 1 cană (100 g) migdale crude
- 1 cană (100 g) caju crude
- 1 cană (100 g) semințe de dovleac crude
- 1 cană (100 g) semințe crude de floarea soarelui
- cană (60 ml) ulei de cocos înmuiat 1 lingură (15 ml) miere crudă
- 1 lingurita (5 ml) extract de vanilie
- 1 linguriță (5 ml) sare roz de Himalaya 1 cană (60 g) fulgi de nucă de cocos neînduciți 1 cană (60 g) boabe de cacao

Ingrediente optionale

- cană (180 ml) lapte de cocos întreg sau lapte de migdale neîndulcit ¼ cană (40 g) afine proaspete

PREGĂTIREA

1. Katie French, autoarea cărții Paleo Cooking Bootcamp, a creat un fel de mâncare rapid și simplu, care poate readuce cerealele în viața ta. Serviți cu lapte de cocos integral sau lapte de migdale, fructe de pădure proaspete și iaurt grecesc integral, sau puneți granola în pungi de gustări și luați-o prin preajmă.
2. Preîncălziți cuptorul la 180 ° C. Acoperiți farfuria sau o oală de fier cu hârtie de copt.
3. Dacă doriți, tăiați nucile și semințele cu un robot de bucătărie, un tocator manual sau un cuțit ascuțit.
4. Într-un castron mare, amestecați uleiul de cocos, mierea și vanilia. Adăugați nucile și semințele, sarea de mare, fulgii de cocos și boabele de cacao și amestecați bine.
5. Mutați amestecul de granola în tava de copt. Coaceți douăzeci de minute, întorcându-se o dată, până când se prăjește ușor.

6. Lăsați amestecul să se răcească timp de o jumătate de oră și transferați-l într-un recipient ermetic. Păstrați-l la frigider până la trei săptămâni.
7. Adăugați ingredientele opționale preferate.

6 4. GUSTĂRI CU OUĂ CURLEY

INGREDIENTE
- 1 lingură (15 ml) ulei de cocos
- ¼ ceapa foarte tocata
- 250 g carne de vită tocată crescută cu iarbă
- 1 catel de usturoi
- 1 lingurita (5 ml) chimen macinat
- 1 linguriță (5 ml) de sare cușer
- ½ linguriță (2 ml) piper negru

- lingurita (1 ml) cayenne (optional) 6 oua mari
- ½ cană (45 g) de brânzeturi asortate mărunțite

PREGĂTIREA

1. Gustările cu ouă au alimentat un deceniu de călătorie în jurul lumii a lui Tyler și Connor Curley, vechii prieteni ai lui Brad.
2. Preîncălziți cuptorul la 200 ° C. Acoperiți un vas pătrat de 15 cm cu hârtie de copt (sau ungeți bine cu o lingură [15 ml] de ulei de cocos topit).
3. Se incinge uleiul intr-o tigaie mare si se caleste ceapa cateva minute pana incepe sa se rumeneasca.
4. Adăugați carnea tocată, amestecați bine și gătiți aproximativ zece minute, până când pierdeți aproape toată nuanța roz.
5. Împingeți carnea tocată și ceapa spre marginile tigaii. Puneti usturoiul in centru si gatiti-l pana isi elibereaza aroma. Amesteca totul foarte bine.
6. Adăugați chimen, sare, piper și cayenne (dacă este folosit). Amestecați bine și continuați să gătiți încă cinci minute, până

când carnea este complet fiartă. Scoateți de pe foc.
7. Într-un castron mare, bate ouăle. Adăugați o cană din amestecul de carne în ouă, amestecând non-stop pentru ca acestea să nu se termine de coagulat. Se adauga restul de carne si se amesteca bine.
8. Turnați amestecul de ouă și carne în tava de copt. Presărați brânza deasupra și gătiți timp de douăzeci de minute. Introduceți un cuțit pentru unt în centru; Cand iese curat se scoate din cuptor. Se lasă să se răcească câteva minute și se taie în pătrate de mărimea unei mușcături.

6 5. VAFE CU SOS DE CARNE

INGREDIENTE

Sos de carne

- 450 g carne tocata de porc (sau vita sau curcan)
- 1 lingurita (5 ml) de salvie uscata
- lingurita (2 ml) de cimbru uscat
- linguriță (2 ml) de usturoi măcinat
- ¼ linguriță (1 ml) de sare cușer

- ¼ linguriță (1 ml) de piper negru 300 ml de lapte de cocos integral (vezi Nota)

Vafe

- 2 ouă mari
- 1 lingură (15 ml) de ulei de cocos topit ½ cană (120 ml) de lapte de cocos integral
- cană (80 g) făină de migdale sau pulpă de fructe uscate (vezi nota) ¼ linguriță (1 ml) sare
- ½ linguriță (2 ml) drojdie
- 1½ linguriță (7 ml) pudră de săgeată

PREGĂTIREA

1. Aceasta reteta reprezinta o modalitate buna de a profita de pulpa care ramane dupa prepararea laptelui de fructe uscate. Prefer să îmi fac timp să-mi pregătesc propriul sos de carne pornind de la zero, dar cârnații achiziționați pot fi folosiți cu condiția să nu conțină zahăr adăugat sau alte ingrediente inacceptabile.
2. Se încălzește o tigaie mare la foc mediu și se adaugă carnea tocată. Se sfărâmă cu o furculiță în timp ce gătiți.
3. După aproximativ cinci minute, când carnea de porc este aproape gata, adăugați condimentele și amestecați bine. Mai

fierbeți încă două-trei minute, până se rumenesc. Adăugați lapte de cocos și așteptați să fiarbă. Când se întâmplă asta, reduceți căldura.

4. Într-un castron mediu, bate ouăle cu ulei de cocos și lapte de cocos. Adăugați pulpa, sarea, drojdia și praful de săgeată. Se amestecă bine. Aluatul de vafe va fi mai gros decat cel traditional; daca este nevoie se adauga putina apa din lingura in lingura pana capata textura potrivita.

5. Se toarnă puțin aluat într-un aparat de vafe la foc mediu-mic (puteți folosi și o tigaie sau un grătar ușor uns și să faceți crepe). Scoateți vafa când este gata și repetați cu restul de aluat.

6. Serviți vafele acoperite cu sos.

BĂUTURI ȘI SMOTHIES

6 6. CAFEA BOGATĂ ÎN GRĂSIMI

INGREDIENTE

- 1 cană (250 ml) de cafea de bună calitate
- 1-2 linguri (15 până la 30 ml) unt nesărat
- 1-2 linguri (15 până la 30 ml) de ulei MCT (sau ulei de cocos, deși este de preferat MCT)

Ingrediente optionale

- ½ linguriță (2 ml) extract de vanilie
- linguriță (1 ml) pudră de cacao neagră neîndulcită 1 lingură (15 ml) pudră de hidrolizat de colagen
- Un praf de scortisoara macinata

PREGĂTIREA

1. Daca obisnuiai sa bei o cafea cu zahar in fiecare dimineata, nu o vei rata odata ce vei incepe sa te bucuri de aceasta cafea, plina de grasimi delicioase care incurajeaza productia de cetone. Mulți adepți ai dietei ketogenice beau cafea bogată în grăsimi în loc de micul dejun și îndura până la prânz sau cină. Începeți cu o lingură de unt și alt ulei MCT și creșteți doza în ritmul dvs.
2. Bateți cafeaua, untul și uleiul cu un pahar sau un blender de mână până se formează spumă. Să bea.

6 7. Proteină cetogenă Mocha

INGREDIENTE

- ceașcă (120 ml) de cafea tare sau 1 doză de espresso 1 lingură (15 ml) unt nesărat
- 1 lingură (15 ml) ulei MCT (sau ulei de cocos, deși este de preferat să folosiți MCT)
- ¼ cană (60 ml) lapte de cocos întreg, încălzit sau vaporizat
- 1 lingură (20 g) de înlocuitor de masă cu pulbere de ciocolată și nucă de cocos Primal Fuel
- ¼ lingurita (1 ml) pudra de cacao neindulcita Apa fierbinte
- Un praf de scortisoara macinata
- Frisca sau crema de lapte de cocos (optional)

PREGĂTIREA

1. Încercați acest lucru după o sesiune de antrenament de dimineață sau când aveți poftă de o bombă de zahăr foarte scumpă de la cantina din colț.
2. Amesteca cafeaua, untul, uleiul, laptele de cocos, pudra proteica si pudra de cacao cu un mixer de pahar sau cu brat pana cand face spuma. Dacă băutura este prea groasă, adăugați puțină apă fierbinte din lingură în lingură până obțineți consistența dorită.
3. Se toarnă într-o ceașcă fierbinte și se stropește cu un praf de scorțișoară. Dacă doriți, adăugați niște frișcă.

6 8. SMOOTHIE VERDE

INGREDIENTE

- 1 conserve (400 ml) lapte de cocos întreg
- 1 lingurita (5 ml) extract de vanilie
- O grămadă mare de legume, cum ar fi kale sau spanacul (aproximativ 2 căni)
- 1 lingură (15 ml) ulei MCT sau ulei de cocos
- 2/3 cană (150 g) de gheață pisată
- 2 linguri (42 g) de înlocuitor de făină cu pulbere Primal Fuel (nucă de cocos vanilie)

PREGĂTIREA

1. Ciocolata nuca de cocos; sau pudră normală de proteine din zer.
2. Când aveți doar un minut, această opțiune este fantastică și simplă.
3. Nu ratați ocazia de a lua o rație abundentă de legume.
4. Bateți laptele de cocos, vanilia, legumele, uleiul și gheața într-un blender de sticlă.
5. Se adauga pudra de proteine si se amesteca la putere mica pana se incorporeaza. A servi.

6 9. SMOOTHIE CU SFECLĂ ȘI GHIMBIR

INGREDIENTE

- sfeclă medie (sfecla prăjită se bate mai ușor; dacă este crudă, trebuie mai întâi tăiată cubulețe)
- ¼ cană (110 g) afine, proaspete sau congelate
- 1 cană (250 ml) lapte de migdale sau alt lapte vegetal uscat neîndulcit
- O grămadă mare de legume, cum ar fi kale sau spanacul (aproximativ 2 căni) 10 nuci de macadamia
- O bucată de 3 cm de ghimbir proaspăt curățată și tăiată cubulețe 2 linguri (30 ml) ulei MCT sau ulei de cocos 5-10 picături de stevie lichidă, sau după gust (opțional)
- 2/3 cană (150 g) gheață pisată

PREGĂTIREA

1. Acest smoothie este plin de antioxidanți, vitamine și minerale, ceea ce îl face o băutură fantastică de recuperat în acele zile în care te-ai antrenat foarte intens. În plus, nucile de macadamia și uleiul MCT oferă o cantitate bună de grăsimi sănătoase.
2. Bate sfecla, merișoarele, laptele de migdale, legumele, nucile de macadamia, ghimbirul, uleiul si stevia intr-un blender de sticla. Un al doilea ciclu poate fi necesar dacă se folosește sfeclă crudă sau dacă nuci de macadamia nu sunt biciuite deloc.
3. Adăugați gheața și bateți totul până când amestecul este omogen.

7 0. SMOOTHIE DE ORICE

INGREDIENTE

- 3 căni (50 g) frunze de kale
- cană (120 ml) lapte de cocos întreg
- avocado mediu (aproximativ ¼ cană; 60 g) ¼ cană (30 g) migdale crude
- 3 nuci braziliene
- ceașcă (30 g) de ierburi proaspete (vezi nota)
- 2 linguri de înlocuitor de pudră de combustibil primar de ciocolată și nucă de cocos sau pudră normală de proteine din zer
- 1 lingură (15 ml) pudră de cacao (dacă este posibil, ciocolată neagră)
- 1 lingurita (5 ml) scortisoara macinata
- 1 lingurita (5 ml) sare roz de Himalaya
- 2 sau 3 picături de extract de mentă (opțional)

- 1 sau 2 căni de cuburi de gheață

PREGĂTIREA

1. Acest smoothie este inspirat de unul dintre micul dejun preferat al lui Ben Greenfield, celebrul triatlet și antrenor. Eu îl numesc „smoothie of whatever" pentru că poți pune tot ce ai în frigider! Nu ezita să adaptezi această rețetă pentru a include nucile și ierburile pe care le ai. Este o adevărată masă plină de calorii și nutrienți, așa că, dacă doriți, o puteți împărți în două porții.
2. Pune un coș pentru abur într-o caserolă mică cu 2 sau 3 cm de apă în fund. Aduceți apa la fiert și fierbeți varza kale timp de cinci minute.
3. Pune varza intr-un blender. Adăugați lapte de cocos, avocado, nuci și ierburi. Bate la putere maximă timp de treizeci de secunde.
4. Adăugați pudră de proteine, pudră de cacao, scorțișoară, sare, extract de mentă și gheață și bateți până obțineți o textură omogenă.
5. Adăugați apă dacă este necesar pentru a obține consistența dorită.

7 1. CHAI DE AUR

INGREDIENTE

- 1½ cani (375 ml) lapte de fructe uscate
- 1 lingurita (5 ml) turmeric macinat
- 1 lingurita (5 ml) de amestec de condimente chai
- lingurita (2 ml) piper negru
- linguriță (2 ml) extract de vanilie
- 1 lingură (15 ml) ulei de cocos sau ulei MCT
- 1 lingură (15 ml) pudră de colagen (opțional)
- 5-10 picaturi de stevia lichida, sau dupa gust

PREGĂTIREA

1. Deoarece conține turmeric și ghimbir, două condimente antiinflamatoare, mulți oameni cred că laptele auriu sau laptele auriu are proprietăți terapeutice. Această versiune a adăugat mirodeniile clasice chai. O ceașcă fierbinte vă va ajuta să vă relaxați noaptea.
2. Se încălzește într-o cratiță laptele de nuci, turmeric, condimente chai și ardei fără să fiarbă. Gatiti incet cateva minute.
3. Incorporati vanilia, uleiul de cocos, pudra de colagen (daca este folosit) si stevia.
4. Cu un blender de mână, amestecați bine până se formează spumă. Gustați și ajustați dulceața cu stevia (fără a exagera).

7 2. Bulion de oase de pui

INGREDIENTE

- 4 căni (300 până la 400 g) de oase de pui sau carcase de pui de 1,4 kg
- 2 sau 3 căni (150 până la 300 g) de resturi vegetale (vezi Consiliu); sau 1 ceapă mare tăiată cubulețe, cu coajă și rădăcină dacă este cultivată organic, 2 bețișoare de țelină și 2 morcovi tăiați cubulețe, inclusiv 2 căței de usturoi zdrobiți
- 1 lingură (15 ml) ghimbir proaspăt feliat
- 10 boabe de piper negru
- 1 frunză de dafin
- Ierburi proaspete, cum ar fi cimbru sau rozmarin (opțional)

PREGĂTIREA

1. Metoda 1: Puneti oasele, resturile de legume, usturoiul, ghimbirul, ardeiul si frunza de dafin intr-o oala mare cu apa cat sa acopere toate ingredientele. Aduceți la fierbere și, când s-a oprit la fierbere, coborâți temperatura pentru a fierbe. Gatiti cateva ore, cu cat mai mult, cu atat mai bine, urmarind nivelul apei si adaugand mai mult lichid daca scade prea jos.
2. Metoda 2: Pune ingredientele într-un aragaz cu apă suficientă pentru a le acoperi bine. Acoperiți și reglați căldura la minimum. Lăsați să fiarbă cel puțin opt ore, deși rezultatul va fi mai bun dacă se gătește mai mult. Puteți găti bulionul timp de douăzeci și patru de ore sau mai mult.
3. Metoda 3: Puneți toate ingredientele într-o oală instant sau o oală electrică sub presiune similară și umpleți-o cu apă (fără a depăși linia de marcare maximă). Închideți capacul și gătiți timp de două ore. Lăsați presiunea să crească în mod natural înainte de a deschide oala.
4. Cand bulionul este gata se strecoara cu o strecuratoare cu plasa fina si se raceste

repede. Cel mai simplu mod de a face acest lucru este să puneți dopul pe chiuvetă și să îl umpleți cu apă cu gheață până la jumătate. Pune un vas metalic sau o oală metalică curată în apa cu gheață și toarnă bulionul prin strecurătoare.
5. Când bulionul este rece, transferați-l în recipiente curate (de exemplu, borcane de sticlă cu capac filetat) și puneți-l la frigider sau congelați-l dacă nu plănuiți să îl folosiți în câteva zile.

7 3. LAPTE DE NUCI

INGREDIENTE

- 1 cană (100 g) de nuci crude (migdale, alune de pădure, caju, nuci pecan sau nuci de macadamia)
- 4 căni (1 l) de apă filtrată plus o cantitate suplimentară pentru înmuiere
- 1 lingurita (5 ml) extract de vanilie (optional)
- ¼ linguriță (1 ml) de sare (opțional)
- linguriță (2 ml) scorțișoară măcinată (opțional) îndulcitor pentru dieta Keto, după gust (opțional)

PREGĂTIREA

1. Acest lapte este delicios și poate fi o opțiune fantastică pentru pasionații de dietă ketogenă care doresc să evite să consume multe produse lactate. Cu toate acestea, laptele comercial cu nuci conține adesea ingrediente și îndulcitori inacceptabili. Din fericire, a-l face este foarte ușor și poți folosi nucile pe care le ai la îndemână.
2. Puneți nucile într-un vas sau borcan de sticlă și acoperiți-le complet cu apă filtrată. Lăsați-le să stea la temperatura camerei timp de cel puțin patru ore, deși va fi mai bine să le aveți opt ore sau peste noapte (până la douăzeci și patru de ore)
3. Scurgeți și spălați nucile. Pune-le in paharul blenderului si bate-le la putere maxima cu patru cani de apa filtrata pentru a forma o pasta omogena.
4. Se strecoară printr-o cârpă subțire sau o cârpă curată. Strângeți pulpa pentru a elimina cât mai mult lapte posibil (vezi Sfat).
5. Dacă decideți să adăugați oricare dintre ingredientele opționale, clătiți paharul, turnați laptele și ingredientele opționale și bateți până obțineți o textură omogenă.

6. Transferați laptele uscat într-un recipient ermetic și păstrați-l la frigider. Va dura cinci zile.

7 4. MAC CU BRÂNZĂ CU CONȚINUT SCĂZUT DE GRĂSIMI

INGREDIENTE

- .1 1/2 t. de macaroane fierte si scurse.
- 1 ceapa mica, tocata.
- 9 felii, 2/3 oz brânză cheddar cu conținut scăzut de grăsimi.
- 1 conserve de 12 oz de lapte degresat evaporat.
- 1/2 t. supă de pui cu conținut scăzut de sodiu.
- 2 1/2 linguriță (e) lingură de făină de grâu în jur
- .1/4 linguriță sos worcestershire.
- 1/2 linguriță de muștar uscat.

- 1/8 linguriță (e) de piper.
- 3 linguri(e) de pesmet.
- 1 lingura(e) de margarina, inmuiata

PREGĂTIREA

2. Într-o tavă adâncă de copt pulverizată cu ulei vegetal, întindeți 1/3 din macaroane, 1/2 din ceapă și brânză. Repetați straturile, terminând cu macaroane. Bateți laptele, bulionul, făina, muștarul, sosul Worcestershire și piperul până se omogenizează. Se toarnă peste straturi. Se amestecă pesmetul și margarina, apoi se presară deasupra. Coaceți descoperit la 375 de grade timp de 30 de minute până când este fierbinte și clocotește.

SOSURI, PATE SI SOSURI CALDE SI RECI

7 5. SOS DE ARAHIDE FALS

INGREDIENTE

- cană (120 g) unt de migdale crud
- cană (120 g) lapte de cocos întreg
- 2 catei de usturoi feliati mari
- Sucul de la 1 lămâie mică
- 2 linguri (30 ml) tamari (sos de soia fără gluten)
- 1 lingură (15 ml) ghimbir proaspăt ras
- lingura (8 ml) ulei de susan prajit (vezi nota)
- lingura (8 ml) ulei de avocado
- ¼ linguriță (1 ml) ardei roșu tocat (opțional)

PREGĂTIREA

1. Iubesc sosul de arahide pentru legume, pui și creveți. Cu toate acestea, mulți entuziaști ai dietelor paleolitice și cetogenice încearcă să evite alunele din cauza problemelor de alergie, deoarece acestea sunt din punct de vedere tehnic o leguminoasă, nu un fruct uscat. În plus, oferă mai mulți carbohidrați decât orice fructe uscate sau semințe. Din fericire, acest sos de arahide preparat cu unt de migdale este la fel de bun ca si originalul si nu are indulcitori adaugati. Încercați să nu mâncați totul dintr-o singură ședință!
2. Amestecă toate ingredientele într-un bol mediu sau folosește un robot mic de bucătărie sau un mixer manual. A se pastra la frigider intr-un recipient ermetic. Va dura două sau trei zile.

7 6. SOS DE MAIONEZĂ PRIMAL KITCHEN ȘI BRÂNZĂ ALBASTRĂ

INGREDIENTE

- cană (120 g) de maioneză Primal Kitchen $\frac{1}{2}$ suc de lămâie
- $\frac{1}{4}$ cană (60 ml) lapte de cocos integral sau smântână groasă
- $\frac{1}{4}$ de linguriță (1 ml) de piper negru sau mai mult dacă este nevoie de $\frac{1}{4}$ de cană (60 ml) de brânză albastră mărunțită
- Sare (opțional)

PREGĂTIREA

1. Poate nu sunt foarte imparțială, dar maioneza Primal Kitchen este unul dintre produsele preferate ale cămarei mele. In plus, aroma sa intensa este perfecta pentru aceasta reteta. De asemenea, puteți folosi maioneză de casă sau altă maioneză ambalată dacă găsiți vreuna fără uleiuri polinesaturate, deși poate fi necesar să ajustați aroma pentru a obține aroma dorită.
2. Cu un tel de tijă, amestecați maioneza, sucul de lămâie, laptele de cocos și piperul.
3. Adăugați brânza albastră și amestecați bine. Încercați să adăugați sare și mai mult piper dacă doriți.

7 7. VINAIGRETĂ PERFECTĂ (CU VARIANTE)

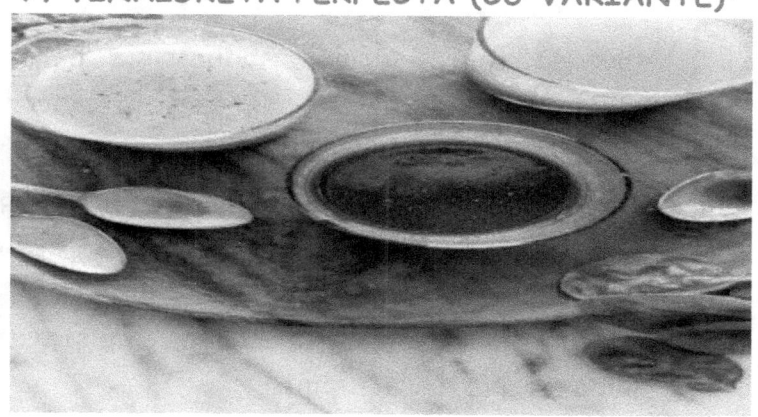

INGREDIENTE

- 1 șalotă mică foarte tocată
- 3 linguri (45 ml) otet de cidru
- linguriță (1 ml) sare cușer
- linguriță (1 ml) piper negru ½ linguriță (2 ml) muștar de Dijon
- ¾ cană (180 ml) ulei de măsline extravirgin

PREGĂTIREA

1. Aproape toate sosurile industriale pentru salate contin uleiuri polinesaturate care favorizeaza inflamatia. Din fericire, prepararea lor acasă este rapidă și ușoară și reprezintă o modalitate excelentă de a adăuga grăsimi sănătoase la o masă.
2. Într-un borcan mic cu capac, amestecați eșapa, oțetul, sare și piper.
3. Adăugați muștar și ulei de măsline. Închideți bine sticla și agitați puternic.

Variante

- Vinaigretă cu lămâie: înlocuiți oțetul cu o cantitate echivalentă de suc de lămâie proaspăt stors și adăugați 1 lingură (15 ml) de coajă de lămâie.
- Sos grecesc: adăugați 1 linguriță (4 ml) de oregano uscat, busuioc uscat și usturoi măcinat.

7 8. „BRÂNZĂ" DE MACADAMIA ȘI ARPAGIC

INGREDIENTE

- 2 căni (250 g) nuci de macadamia crude
- 2 linguri (30 ml) suc de lamaie proaspat stors
- linguriță (1 ml) sare de mare fină
- linguriță (1 ml) piper negru
- lingurita (1 ml) praf de ceapa
- linguriță (1 ml) de usturoi măcinat
- 1 sau 2 linguri (15 până la 30 ml) de apă fierbinte
- 3 sau 4 linguri (45 până la 60 ml) de arpagic proaspăt tăiat

PREGĂTIREA

1. „Brânza" de nuci este o opțiune fantastică pentru pasionații de dietă Keto care nu tolerează multe produse lactate, dar iubesc totuși cremitatea delicioasă a brânzei. Această rețetă folosește nuci de macadamia, dar pot fi folosite și alte nuci. Nucile de caju sunt foarte versatile, deși conțin mai mulți carbohidrați (vezi rețeta cremei de bază de caju. Începeți întotdeauna cu nuci crude, deoarece soiurile prăjite conțin de obicei uleiuri inacceptabile.

2. Cu un blender de sticlă sau cu un robot de bucătărie, bateți nucile de macadamia cu sucul de lămâie, sare, piper, praf de ceapă și usturoi măcinat până se formează o pastă groasă și se împiedică. Zgâriați pereții dacă este necesar.

3. Cu mixerul sau robotul de bucătărie în funcțiune, adăugați apă puțin câte puțin până când amestecul capătă consistența dorită. Se poate opri atunci când „brânză" are încă o textură ușoară sau se bate în continuare până devine foarte omogenă.

4. Turnați arpagicul și apăsați comutatorul de mai multe ori pentru a amesteca totul.

7 9. PESTO DIN FRUNZE DE MORCOV

INGREDIENTE

- 1 cană (30 g) frunze și tulpini de morcov
- cană (30 g) nuci de macadamia crude
- cană (30 g) alune crude
- 1 cățel mic de usturoi zdrobit
- ¼ cană (25 g) parmezan ras
- cana (180 g) ulei de masline extravirgin Sare si piper

PREGĂTIREA

1. Frunzele de morcov sunt foarte subestimate. De obicei o pastrez pe a mea pentru a o adauga in oala cand fac bulion de oase, dar daca am suficient bulion pregatesc putin din acest pesto.
2. Într-un robot mic de bucătărie, bate frunzele de morcov, nucile, usturoiul și brânza până se amestecă bine. Zgâriați pereții vasului.
3. Cu robotul de bucătărie în funcțiune, adăugați treptat uleiul de măsline până când pesto-ul capătă consistența dorită. Încercați și sare și piper.

8 0. UNT CU ARDEI IUTE SI BACON

INGREDIENTE

- 2 felii de bacon (nu prea groase)
- cana (100 g) unt nesarat la temperatura camerei 1 catel de usturoi feliat foarte subtire
- linguriță (2 ml) boia dulce
- lingurita (2 ml) de ardei iute
- linguriță (2 ml) oregano uscat zdrobit
- ¼ linguriță (1 ml) de chimen măcinat
- 1/8 linguriță (0,5 ml) praf de ceapă ½ linguriță (2 ml) sare cușer
- ¼ lingurita (1 ml) de piper negru

PREGĂTIREA

1. Da, ai citit bine; Aceasta reteta combina doua dintre produsele noastre preferate, bacon si unt. Este perfect pentru a se topi pe o friptură suculentă sau o farfurie cu omletă. Pentru o schimbare, încercați-l cu frigărui de creveți, varză de Bruxelles prăjită sau un cartof dulce foarte fierbinte în ziua în care decideți să luați mai mulți carbohidrați.
2. Prăjiți baconul timp de aproximativ trei minute într-o tigaie până devine crocant. Transferați-l pe o foaie de prosoape de hârtie pentru a-l scurge. Rezervați grăsimea de bacon pentru a fi utilizată într-o altă rețetă.
3. Tăiați untul în bucăți și puneți-le într-un castron mic. Zdrobiți-le cu o furculiță.
4. Adăugați usturoiul, boia dulce și picant, oregano, chimen, praf de ceapă, sare și piper și amestecați bine.
5. Se sfărâmă sau se toacă baconul. Adăugați-l în unt și amestecați.
6. Intindeti amestecul de unt pe o bucata de hartie de copt aproximativ 30 cm Formeaza cilindru si ruleaza strans. Răsuciți capetele pentru a-l închide.

7. Păstrați untul la frigider până când este folosit (se poate și congela).

8 1. PATE DE FICAT DE PUI

INGREDIENTE

- 225 g ficat de pui
- 6 linguri (85 g) de unt
- 2 linguri (30 ml) grăsime de slănină
- ceapa mica taiata rondele 1 catel mare file de usturoi
- 2 linguri (30 ml) otet de vin rosu
- 1 lingura (15 ml) otet balsamic
- 1 lingurita (5 ml) de mustar de Dijon
- lingura (75 ml) de rozmarin proaspat taiat Sare si piper dupa gust
- Fulgi de sare (tip Maldon) pentru a decora

PREGĂTIREA

1. Ficatul este unul dintre cele mai sănătoase alimente care există, așa că este păcat că are o reputație atât de proastă. Sperăm că acest pateu gustos vă va ajuta să vă răzgândiți cu privire la această mâncare vedetă. Se poate mânca cu ramuri de țelină, felii de castraveți sau ardei roșu. Și chiar și cu felii de mere.
2. Îndepărtați părțile fibroase ale ficatului. Topiți două linguri (30 ml) de unt și grăsime de bacon la foc mediu într-o tigaie medie. Adăugați ceapa și ficateii și căleți timp de șase până la opt minute.
3. Se toarna usturoiul si se mai caleste inca un minut. Se reduce putin focul si se adauga cele doua tipuri de otet, mustar si rozmarin. Gatiti aproximativ cinci minute, pana cand aproape tot lichidul se evapora si ficatii sunt bine facuti.
4. Mutați întregul conținut al tigaii într-un robot de bucătărie. Apăsați comutatorul de mai multe ori pentru a amesteca totul. Razuiti pereții vasului si adaugati doua linguri (30 g) de unt. Procesați până când obțineți o textură destul de omogenă. Zgâriește din nou pereții bolului. Adaugati celelalte doua

linguri (30 g) de unt si procesati pana capata o textura perfect omogena.
5. Încercați și sare și piper. Transferați pastele în boluri individuale și acoperiți cu folie transparentă. Păstrați-l la frigider. Înainte de servire, stropiți fiecare bol cu puțin fulg de sare de mare.

8 2. UNT DE COCOS

INGREDIENTE

- 4 căni (350 până la 400 g) de fulgi de nucă de cocos neîndulciți

PREGĂTIREA

1. Dacă nu ai încercat niciodată untul de cocos, te așteaptă o surpriză plăcută. Îl poți adăuga la cafea sau smoothie-uri, îl poți amesteca cu rădăcinoase, îl poți folosi în preparate curry sau îl poți consuma întins în strat gros pe niște felii de mere sau o bucată de ciocolată neagră. În plus, este ingredientul principal al pompelor de grăsime. Veți dori să aveți o sticlă mereu la îndemână!

2. Dacă folosești un robot de bucătărie: Pune fulgii de nucă de cocos într-un robot de bucătărie și bate-i maxim cincisprezece minute, zgâriind pereții dacă este necesar (unii roboți de bucătărie durează ceva mai mult).
3. Dacă folosiți un blender de sticlă: puneți jumătate din fulgii de cocos în pahar și bateți timp de un minut. Adăugați restul și continuați să bateți maxim zece minute, zgâriind pereții dacă este necesar. Asigurați-vă că blenderul nu se încălzește prea mult!
4. Transferați untul de cocos într-un recipient ermetic până când este gata de utilizare (se poate păstra la temperatura camerei). Dacă este necesar, încălziți-l în cuptorul cu microunde timp de cinci până la zece secunde înainte de servire.
5. Cu ambele metode, untul de cocos va trece prin trei etape. Mai intai va fi foarte maruntita, apoi va deveni un lichid granulat si, in final, va capata o textura omogena. Dacă nu sunteți sigur că procesul este complet, încercați. Produsul finit trebuie să fie omogen și ușor granulat, cum ar fi untul de nuci proaspăt măcinat.

8 3. PATE DE SOMON AFUMAT

INGREDIENTE

- 4 linguri (60 g) de unt la temperatura camerei
- 1 lingura (15 g) ulei de masline extravirgin
- 2 linguri (30 ml) arpagic proaspăt tocat
- 2 linguri (30 ml) de capere uscate (30 ml)
- 2 linguri (30 ml) suc de lamaie proaspat stors
- 225 g file de somon fiert, fără oase sau piele
- 115 g somon afumat taiat cubulete mici Sare si piper dupa gust

PREGĂTIREA

1. Este o modalitate fantastică de a profita de resturile de somon. Acest preparat, plin de grasimi sanatoase, poate fi luat la micul

dejun, pranz sau cina, sau ca gustare sanatoasa. Se face în câteva minute, dar are un gust atât de bun încât este capabil să impresioneze mesenii de la cea mai selectă cină. Pune cateva linguri peste niste frunze de cicoare sau andive pentru a o prezenta elegant.

2. Într-un castron mediu, amestecați untul și uleiul de măsline cu o furculiță. Adăugați arpagicul, caperele și sucul de lămâie.

3. Folosiți o furculiță pentru a împărți somonul fiert în bucăți mici și adăugați-l la amestecul de unt. Se adauga somonul afumat si se amesteca bine, zdroindu-l usor. Umpleți un bol, acoperiți și păstrați la frigider până când serviți pateul.

8 4. MASLINE CU NUCI

INGREDIENTE

- 1 cană (250 ml) de măsline dezosate (foloseşte un amestec de verdeaţă şi negru)
- 2 fileuri de hamsii in ulei de masline (vezi Sfat)
- cana (60 ml) nuci tocate 1 catel de usturoi zdrobit
- 1 lingura (15 ml) de capere scurse
- 1 lingura (15 ml) busuioc proaspat tocat
- 3 linguri (45 ml) ulei de măsline extravirgin

PREGĂTIREA

1. Măslinele tradiționale sunt un amestec de măsline, capere, hamsii și ceapă zdrobite în amiralitate și se servesc de obicei cu prăjituri mici. Este o modalitate fantastică de a introduce în alimentația noastră acești peștișori bogați în acizi grași omega. Atingerea crocantă a nucilor o înlocuiește pe cea a pâinei prăjite. Serviți această măsline pe felii de castraveți sau ardei roșu, întindeți cu ea puiul copt sau adăugați mai mult ulei de măsline pentru a le folosi ca dressing pentru salată.
2. Într-un robot mic de bucătărie (sau într-un sirop), amestecați ingredientele și apăsați comutatorul de zece ori. Răzuiți pereții vasului și continuați să presați până când măslinele capătă consistența dorită.
3. Se pune intr-un bol, se acopera cu folie transparenta si se da la frigider pana in momentul servirii.

CURSURI PRINCIPALE

8 5. SLOW COOKER CARNITAS

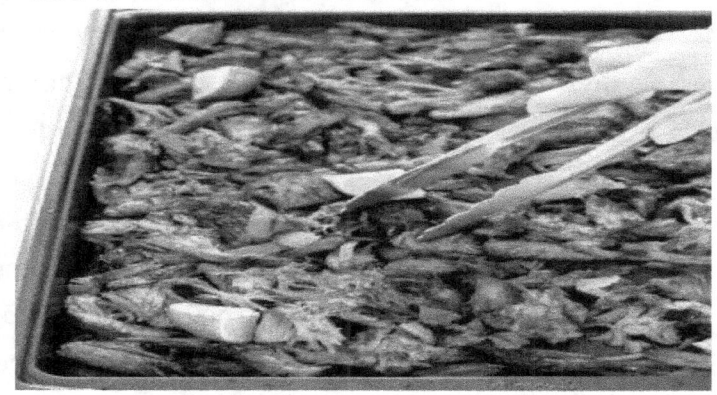

INGREDIENTE
- 1 linguriță (5 ml) de sare cușer
- 1 lingurita (5 ml) chimen macinat
- 1 lingurita (5 ml) oregano uscat
- linguriță (2 ml) piper negru 1 umăr de porc dezosat (1,8 kg)
- 1 cană (250 ml) bulion de pui sau de vită 1 portocală feliată subțire
- Ceapa foarte tocata
- Coriandru tăiat proaspăt
- Cubulete de avocado
- Ridichi felii subțiri
- felii de lime
- Inele Jalapeño

- Salata verde sau frunze de varza

PREGĂTIREA

1. Dacă mă așteaptă o săptămână plină, duminică pregătesc carnitas pentru toată săptămâna. Cel mai bun mod de a le reincalzi este sa le pui pe platoul cuptorului, sub gratar.
2. Într-un castron mic, amestecați sare, chimen, oregano și piper. Îndepărtați excesul de grăsime din carne (ne interesează să păstrăm puțină grăsime, așa că vor trebui îndepărtate doar bucățile mari). Frecați carnea cu amestecul de sare și condimente.
3. Adăugați bulionul în partea de jos a unui aragaz lent. Așezați carnea înăuntru și acoperiți cu felii de portocală. Gătiți-l între opt și zece ore la temperatură scăzută (opțiunea preferată) sau șase ore la temperatură ridicată.
4. Scoateți carnea cu grijă din aragazul lent și aruncați feliile de portocale. Cu două furculițe, mărunțiți carnea.
5. Dacă doriți, întindeți carnea mărunțită pe o farfurie sau o tavă de copt. Porniți grătarul la temperatură scăzută și puneți grătarul cuptorului la aproximativ 10 cm de căldură.

Așezați vasul cu carne sub grătar și lăsați-l să devină crocant, având grijă să nu se ardă.
6. Împărțiți în porții și serviți cu ingrediente opționale. Dacă doriți, serviți cu salată verde sau frunze de varză pentru a pregăti niște tacos paleolitic.

8 6. OUĂ OMLETĂ CU KALE

INGREDIENTE

- 2 linguri (30 ml) grasime de bacon sau ulei de avocado
- ceasca (50 g) ceapa rosie tocata si 40 g ardei rosu tocat 1 catel de usturoi file
- 1 lingură (5 g) de roșii uscate la soare sau coapte (vezi Nota) 2 căni (475 g) de carnitas în slow cooker
- 1 linguriță (5 ml) de sare cușer
- 1 lingurita (5 ml) oregano uscat
- ¾ linguriță (4 ml) chimen măcinat Piper negru proaspăt măcinat
- 2 căni (30 g) de frunze de kale tocate (½ buchet) ½ suc de lămâie
- 1/3 cană (30 g) brânză cheddar rasă

PREGĂTIREA

1. Aceasta este o modalitate excelentă de a profita de resturile de carnitas pentru a pregăti un alt fel de mâncare. Îmi place să iau micul dejun când nu am chef să mănânc ouă.
2. Încinge grăsimea de bacon într-o tigaie mare la foc mediu. Se toarnă ceapa și ardeiul. Prăjiți timp de cinci minute, până când legumele încep să se înmoaie. Adăugați usturoiul și prăjiți încă un minut.
3. Incorporeaza rosiile si carnea. Se amestecă până se fierbe.
4. Într-un castron mic, amestecați sarea, oregano, chimen și piperul. Se adauga in tigaie si se amesteca bine.
5. Se toarnă varza mărunțită (poate fi făcută de două ori, în funcție de mărimea tigaii). Când varza începe să se înmoaie, adăugați sucul de lămâie și amestecați bine.
6. Se presară uniform cu brânză, se reduce căldura și se acoperă.
7. Gatiti pana se topeste branza (daca tava este potrivita pentru cuptor, se poate pune sub gratar pentru a rumeni blatul).
8. Împărțiți în două porții și serviți.

8 7. SANDVIȘ CUBANEZ FALS

INGREDIENTE

- 1 lingurita (5 ml) ulei de avocado
- 4 cesti (1 kg) de carnitas in slow cooker
- 1 linguriță (5 ml) de sare cușer
- Piper negru proaspăt măcinat
- ½ suc de lamaie
- 1 cană (250 ml) murături feliate (normale sau picante, nu dulci)
- 6 felii subtiri de sunca fiarta (de cea mai buna calitate posibila)
- 3 linguri (45 ml) de muștar de Dijon
- 2 căni (180 g) de brânză elvețiană mărunțită

PREGĂTIREA

1. O altă idee fantastică pentru a profita de resturile de carnitas. Această variantă a sandvișului tradițional cubanez elimină pâinea și lasă ce e mai bun: umplutura delicioasă. Mănâncă-l cu un cuțit și furculiță sau înfășoară-l în frunze de varză.
2. Așezați grătarul cuptorului la o distanță între 10 și 15 cm de grătar și porniți-l la temperatura minimă. Folosiți ulei de avocado pentru a unge puțin placa cuptorului sau un vas gata de grătar. Întindeți carnea de porc mărunțită formând un strat de aproximativ 2 cm. Se condimentează și se stropește cu suc de lămâie. Se pune sub gratar si se gratina cam doua minute pana incepe sa se rumeneasca blatul.
3. Scoateți farfuria din cuptor fără a opri grătarul. Aranjați feliile de castraveți, urmate de șuncă. Folosește dosul unei linguri sau al unei spatule pentru a întinde cu grijă muștarul peste feliile de șuncă. Presărați brânza într-un strat omogen deasupra șuncii.
4. Puneți farfuria înapoi sub grătar timp de unul până la două minute pentru a rumeni partea mai sus. Urmăriți brânza astfel încât

să se topească și să înceapă să clocotească și să se rumenească fără să se ardă.

8 8. CARNE TOCATĂ A CAVERNELOR CU UNT DE MIGDALE

INGREDIENTE

- 700 g carne tocată de vită
- 1 lingurita (5 ml) sare roz de Himalaya
- lingurita (2 ml) de piper macinat
- lingurita (2 ml) scortisoara macinata
- cană (120 ml) unt de migdale crud

PREGĂTIREA

1. Cu o rețetă atât de simplă, cel mai important lucru este calitatea ingredientelor. Vă recomand carnea tocată wagyu, un tip de vacă japoneză asemănătoare cu Kobe (dacă nu o găsiți în magazinele din zona dumneavoastră, o puteți comanda online). La prima vedere, această rețetă poate părea puțin ciudată, dar încercați-o data viitoare când trebuie să rezistați mult timp. Acest fel de mâncare vă va oferi multă energie și o senzație de satietate prelungită care vă va permite să faceți o plimbare de șase ore printr-o pădure tropicală. Dacă e rândul tău să gătești, înmulțiți ingredientele cu cinci pentru a vă hrăni colegii de clasă.
2. Într-o tigaie medie, rumeniți carnea la foc mediu timp de șase până la opt minute până este bine făcută. Adăugați sare, piper și scorțișoară. Se amestecă bine.

3. Adăugați untul de migdale în linguri și amestecați energic. Cand s-a incorporat bine, se ia de pe foc. Distribuiți în patru boluri și serviți imediat.

8 9. TON UȘOR ÎNĂBUȘIT CU SOS DE PLANTE ȘI LIME

INGREDIENTE
- 170 g friptură ușoară de ton pentru sushi
- Sarea de mare
- Piper negru proaspăt măcinat
- 2 linguri (30 ml) ulei de avocado

Ierburi + Rochie Lima

- 1 cană (150 g) coriandru proaspăt
- 1 cană (150 g) pătrunjel proaspăt
- 1 lingurita (5 ml) coaja de lime
- Sucul a 2 lime mici (1½ până la 2 linguri; 25 ml)
- 2 linguri (30 ml) tamari (sos de soia fără gluten)
- 1 lingură (15 ml) ulei de susan prăjit
- 1 cățel de usturoi, feliat subțire sau zdrobit
- O bucată de 2,5 cm de ghimbir proaspăt, feliată fin sau rasă
- ½ cană (60 până la 120 ml) de ulei de măsline extravirgin sau ulei de avocado Un praf de ardei roșu în bucăți mici (opțional)

PREGĂTIREA

1. Pregătirea tonului ușor prăjit poate părea dificilă, dar nu este. Dacă îți dorești un preparat rapid și simplu, care să-ți impresioneze oaspeții, acesta este ideal. Serviți tonul cu o salată verde simplă.
2. Tăiați friptura de ton în două sau trei porții dreptunghiulare alungite. Se piperează cele două părți ale fiecărei bucăți.
3. Puneți coriandrul și pătrunjelul într-un robot mic de bucătărie (vezi Notă). Tăiați ierburile. Adăugați coaja și sucul de lime, tamari, ulei de susan, usturoi și ghimbir. Apăsați comutatorul de

mai multe ori pentru a amesteca bine. Zgâriați pereții vasului.
4. Cu robotul în funcțiune, adăugați încet uleiul de măsline. Zgâriați din nou pereții și apăsați comutatorul de mai multe ori. Daca sosul este prea gros, mai adaugam ulei pana se obtine consistenta dorita.
5. Într-o tigaie mare, încălziți uleiul de avocado la foc mediu-mare până este destul de fierbinte. Puneți ușor tonul în ulei și fierbeți timp de un minut pe fiecare parte, fără să vă mișcați. Tonul va fi roz în centru. Dacă doriți să faceți mai mult, va trebui să prelungiți puțin timpul de gătire.
6. Scoateți tonul din tigaie, tăiați-l în bucăți de aproximativ 15 mm grosime, adăugați dressingul și serviți.

9 0. ROȘII UMPLUTE

INGREDIENTE

- 6 roșii medii
- 225 g carne de vită tocată
- 1 lingurita (5 ml) busuioc uscat
- ½ linguriță (2 ml) de sare cușer
- lingurita (1 ml) piper negru 6 oua medii

PREGĂTIREA

1. Aceasta reteta simpla este mai buna daca este preparata cu rosii proaspete din gradina. Dacă preferați, puteți folosi curcan sau pui, și chiar miel.
2. Preîncălziți cuptorul la 200 ° C. Cu un cuțit ascuțit, tăiați tulpinile roșiilor. Scoateți cu grijă semințele cu o lingură și aruncați-le.
3. Pune roșiile într-o tavă mică potrivită pentru cuptor sau folosește o farfurie pentru brioșe cu cavitate mare. Coaceți cinci minute.
4. Rumeniți carnea într-o tigaie medie aproximativ douăzeci și cinci de minute, până când este bine făcută. Se condimentează cu sare și piper și se adaugă busuioc.
5. Scoateți roșiile din cuptor și porniți doar grătarul (dacă este reglabil, la temperatură scăzută). Împărțiți carnea în șase porții și puneți-o în roșii cu o lingură.

6. Cojiți un ou în interiorul fiecărei roșii și mai sare și piperăm puțin.
7. Dam rosiile la cuptor pentru aproximativ cinci minute, la o distanta de 10-15 cm de gratar, pana cand albusurile sunt coagulate si galbenusurile inca lichide.

9 1. CEL MAI BUN PUI FRIPT

INGREDIENTE
- 4 jumatati de piept de pui dezosati si fara piele (aproximativ 1 kg)
- 3 linguri (45 ml) sare kosher
- Cuburi de gheață
- 2 linguri (30 ml) ulei de avocado
- 2 linguri (30 ml) de condimente pentru pui (asigură-te că nu are zahăr adăugat)

PREGĂTIREA

1. Cu siguranță acest pui gustos va deveni rapid unul dintre mâncărurile preferate ale familiei. Este delicios insotit de o salata variata, invelit in frunze de varza cu o portie de maioneza Primal sau pur si simplu servit cu legumele preferate prajite. Secretul este saramura, care lasa puiul gustos si fraged.
2. Tăiați fiecare piept de pui pe diagonală în trei porții alungite.
3. Aduceți o cană (240 ml) de apă la fiert. Amestecați apa clocotită și sarea într-un vas mare de metal sau de sticlă. Când sarea se dizolvă, turnați un litru de apă rece și niște cuburi de gheață. Adăugați bucățile de pui și acoperiți-le cu 2-5 cm de apă rece. Pune la frigider cincisprezece minute.
4. Scurgeți puiul. Dacă vrei să nu fii sărat, clătește-l acum, deși nu este necesar. Amesteca uleiul si condimentele de pui in

vasul gol. Apoi pune puiul în ulei. Lăsați să stea câteva minute.

5. Încinge un grătar la foc mediu-mare. Când este fierbinte, puneți bucățile de pui și acoperiți. Prăjiți aproximativ patru minute, întoarceți-vă și continuați să prăjiți încă trei sau patru minute, până când temperatura internă atinge 75 ° C.
6. Scoateți puiul de pe grătar și serviți.

9 2. FRIGARUI DE PUI

INGREDIENTE

- 1 kg piept de pui pe jumătate dezosat și fără piele
- 24 de ciuperci mici (aproximativ 225 g)
- 1 ceapă galbenă mare
- 2 ardei (culoarea pe care o preferi)
- cană (60 ml) ulei de avocado 1 linguriță (5 ml) oregano uscat
- 1 linguriță (5 ml) busuioc uscat ½ linguriță (2 ml) usturoi măcinat ½ linguriță (2 ml) sare kosher
- ½ linguriță (2 ml) piper negru

- 8 frigarui scurte (inmuiate in apa daca sunt din lemn sau bambus)

PREGĂTIREA

1. Frigaruile sunt felul meu preferat de mancare cand oamenii vin acasa sa se bucure de un gratar informal de vara. Le puteți pregăti din timp, sau chiar lăsați invitații să le pregătească. Pe măsură ce se prăjesc într-o clipă, nu va trebui să ai grijă de grătar în timp ce oaspeții tăi se distrează.
2. Tăiați fiecare piept de pui în opt sau zece bucăți de dimensiuni similare și puneți-le într-un bol de sticlă. Se spală ciupercile și se scot picioarele. Tăiați ceapa și ardeii în bucăți mari. Pune totul într-un alt bol.
3. Se amestecă uleiul și condimentele. Se toarnă jumătate din amestec în fiecare bol și se amestecă bine. Pune cele două boluri la frigider și lasă la marinat douăzeci de minute.
4. Se monteaza frigaruile alternand pui si legume pe frigarui. Preîncălziți fierul de călcat la temperatură medie-înaltă.
5. Pune frigaruile pe gratar (sau sub gratar) vreo trei minute pe fiecare parte,

intoarcendu-le sa se rumeneasca bine peste tot, cam
6. Zece sau douăsprezece minute în total. Verificați puiul cu un termometru de citire instantanee pentru a vă asigura că este bine făcut (temperatura internă ar trebui să fie de 75 ° C).
7. Mutați frigaruile la o sursă și serviți.

9 3. TAVA CU CREVETI SI SPARANGHEL

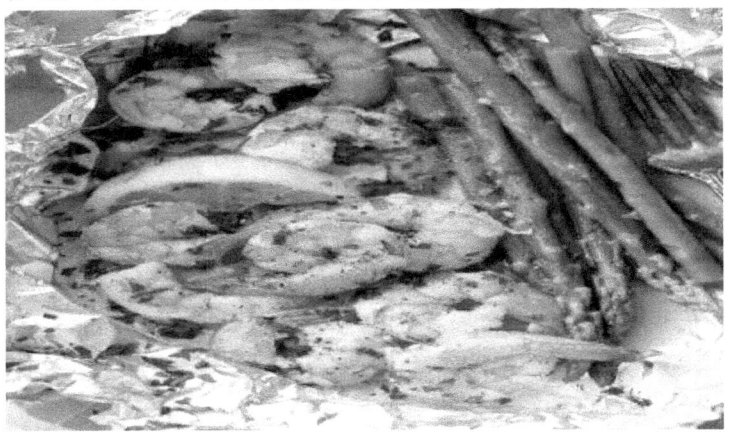

INGREDIENTE

- 2 linguri (30 ml) ulei de avocado
- 3 catei de usturoi feliati
- 4 linguri (60 g) de unt
- 1 buchet de sparanghel (450 g)
- 2 lingurițe (10 ml) de sare cușer
- 1 lingurita (5 ml) piper negru proaspat macinat
- 680 g creveți decojiți
- ½ linguriță (1-2 ml) de ardei roșu tocat (opțional) 1 lămâie medie tăiată în jumătate
- 1 cană (90 g) parmezan mărunțit
- 2 linguri (30 ml) patrunjel proaspat tocat (optional)

PREGĂTIREA

1. Nu-mi place deloc să spăl caserole, așa că treaba mea este să pregătesc mâncarea într-un singur recipient. În plus, acest fel de mâncare simplu se face în mai puțin de douăzeci de minute. Îți va plăcea!
2. Preîncălziți cuptorul la 200 ° C. Într-o tigaie mică, încălziți uleiul de avocado la foc mediu. Se caleste usturoiul pana isi elibereaza aroma si fara sa se rumeneasca, aproximativ trei minute. Adăugați untul și gătiți până când începe să clocotească. Scoateți de pe foc.
3. Scoateți capetele tari ale sparanghelului și puneți vârfurile pe platoul cuptorului. Turnați peste două linguri (30 ml) de unt cu usturoi și dați-le câteva rânduri pentru a le acoperi bine. Întindeți-le într-un singur strat și stropiți-le cu jumătate de sare și piper. Dați-le la cuptor pentru cinci minute, până sunt fragede și ușor prăjite.
4. Asezam sparanghelul intr-o jumatcte de farfurie. Puneți creveții în cealaltă jumătate. Se toarnă peste restul de unt cu usturoi și le dă câteva rânduri ca să le acopere bine. Intinde-le intr-un singur strat si presara-le cu restul de sare si piper. Adăugați ardeiul roșu, dacă este folosit. Stoarceți lămâia peste creveți și tăiați-o în sferturi. Pune camerele între creveți.
5. Presărați parmezanul doar pe sparanghel și puneți farfuria la cuptor pentru cinci-opt minute, până când creveții devin opace. Turnați

pătrunjelul peste creveți, dacă sunt folosiți, și serviți imediat.

9 4. CÂRNAȚI CU KALE

INGREDIENTE
- 1 buchet de kale de orice varietate
- ½ ceapă medie tăiată cubulețe
- 1 pachet de cârnați de pui
- 2 linguri (30 ml) ulei de cocos sau avocado
- 2 linguri (30 ml) de unt
- 8 ciuperci curate și tăiate felii
- 1 linguriță (5 ml) de sare cușer
- ½ linguriță (2 ml) piper negru
- 1 cană (250 ml) bulion de pui (de preferință de casă)
- ¼ linguriță (1 ml) ardei roșu tocat (opțional)

PREGĂTIREA

1. Dacă vreunul dintre prietenii sau membrii familiei dvs. spune că nu-i place kale, dă-i un gust din acest fel de mâncare. Aceasta reteta poate fi personalizata dupa gust, adaugand legumele dorite si orice tip de carnati. Încercați diferite combinații pentru a vedea care vă place cel mai mult. Cu toate acestea, asigurați-vă că alegeți cârnați care conțin doar ingrediente curate, fără adaos de zaharuri, nitrați și așa mai departe.
2. Cu un cuțit ascuțit, tăiați tulpinile groase de kale prezentă în porțiunile de frunze. Tăiați-le în bucăți de o dimensiune asemănătoare cu ceapa tăiată cubulețe. Tăiați frunzele de kale în fâșii subțiri.
3. Tăiați cârnații în bucăți de 2,5 cm. Încinge o lingură (15 ml) de ulei într-o tigaie mare. Puneți jumătate din cârnați într-un singur strat și prăjiți până se rumenesc. Întoarceți-le și prăjiți-le două minute pe cealaltă parte. Scoateți-le și repetați operațiunea cu cealaltă jumătate de cârnați. Scoateți-le din tigaie.
4. Încălziți cealaltă lingură (15 ml) de ulei la foc mediu pe o tigaie. Adăugați ceapa și tulpinile de varză tăiată și prăjiți legumele aproximativ cinci minute, până încep să se înmoaie. Împingeți legumele pe marginea cratiței și topiți untul în

centru. Adăugați ciupercile și căleți-le câteva minute. Adăugați sare și piper. Se amestecă bine.
5. Adăugați frunzele de kale și amestecați totul. Se prăjește timp de trei până la cinci minute, până când frunzele sunt moi. Întoarceți cârnații în tigaie împreună cu bulionul și ardeiul roșu tocat, dacă sunt folosiți. Ridică puțin focul. Când lichidul începe să fiarbă, reduceți focul și așteptați să se evapore aproape totul. Încercați să adăugați sare dacă este necesar. Serviți imediat.

9 5. SOMON COPT CU ALIOLI DE MĂRAR

INGREDIENTE

- 4 fileuri de somon cu piele, aproximativ 170 g fiecare
- lingură (7,5 ml) ulei de avocado coajă de ½ lămâie mare
- Sarea Kosher
- Piper negru proaspăt măcinat

Alioli To Drop

- ½ cană (120 ml) de maioneză Primal Kitchen sau altă maioneză potrivită pentru dieta paleolitică
- 2 catei de usturoi feliati mici

- 2 lingurite (15 ml) suc de lamaie proaspat stors
- 1 lingură (15 ml) mărar proaspăt tocat
- linguriță (1 ml) sare cușer
- linguriță (1 ml) coajă de piper negru proaspăt măcinat de ½ lămâie mare

PREGĂTIREA

1. Acest file de somon copt la temperatura joasa se topeste in gura. Preparat așa, somonul este destul de roz, așa că nu vă alarmați când îl scoateți din cuptor și încă arată crud. Dimpotrivă, va fi cel mai bine făcut pește pe care l-ați mâncat vreodată!
2. Preîncălziți cuptorul la 135 ° C. Puneți fileurile de somon într-o oală de fier sau o tavă de copt. Se amestecă uleiul cu jumătate din coaja de lămâie și se vopsește vârful peștelui. Sare și piper Coaceți somonul între șaisprezece și optsprezece minute, până când poate fi împărțit în bucăți mici cu o furculiță.
3. În timp ce somonul este la cuptor, amestecați maioneza cu usturoiul, coaja și zeama de lămâie, mărar, sare și piper.
4. Serviți somonul însoțit de aioli.

9 6. CURCAN ȘI SARMALE

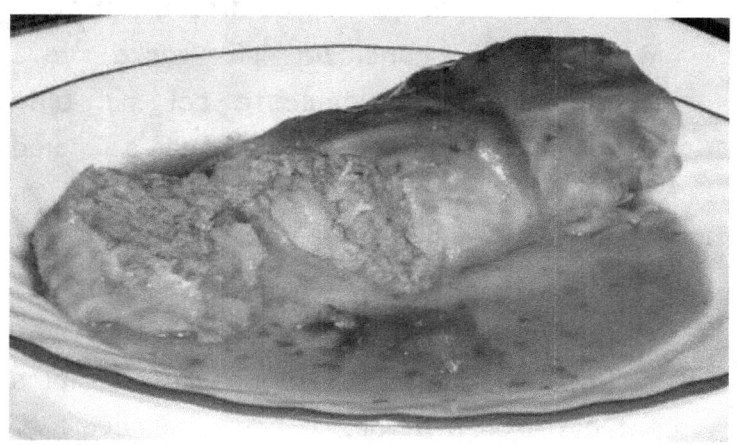

INGREDIENTE

- 2 frunze de varza, cu cat mai mari cu atat mai bine
- 4 felii de piept de curcan de bună calitate (fără adaos de zahăr sau nitriți sau alte ingrediente dăunătoare)
- 4 felii de bacon trecute prin tava
- 2 felii de brânză elvețiană tăiate în jumătate
- ½ cană (120 ml) salată de varză paleolitică

PREGĂTIREA

1. După ce am experimentat cu diferite opțiuni, am ajuns la concluzia că varza este ingredientul care înlocuiește cel mai bine pâinea și tortilla mexicană. Are o aromă foarte blândă, iar frunzele sale mari și groase țin foarte bine umplutura. Acest sandviș este puțin complicat de mâncat, dar este grozav.
2. Cu un cuțit ascuțit, îndepărtați tulpina centrală groasă a verzei (poate fi nevoit să tăiați puțin frunza, lăsând-o în formă de inimă).
3. În centrul fiecărei frunze, așezați două felii de curcan, două felii de slănină și două jumătate de felii de brânză, lăsând o margine pe margini. Cu o lingură, puneți $\frac{1}{4}$ de cană (60 ml) de salată de varză pe fiecare frunză, aproape de vârf (departe de capătul tulpinii).
4. Începând de sus, înfășurați salata de varză cu vârful frunzei și rulați sandvișul. Îndepărtați marginile ca un burrito. Închideți rulourile cu câte două betisoare și tăiați-le în jumătate pentru a servi.

9 7. SALATĂ CROCANTĂ DE TON

INGREDIENTE

- 2 conserve de ton de 140 g fiecare (nu se scurge)
- ½ cană (120 ml) de maioneză Primal Kitchen sau altă maioneză potrivită pentru dieta paleolitică
- 2 linguri (30 ml) capere scurse
- 1 tulpină de țelină tăiată cubulețe
- 1 morcov mic, tăiat cubulețe
- 4 ridichi taiate cubulete
- Sare si piper dupa gust
- ceasca (60 g) migdale filetate 2 linguri (15 g) seminte de floarea soarelui

PREGĂTIREA

1. O altă idee de a folosi frunze de varză. Poți savura și această salată cu legume, cu felii de ridichi, cu chipsuri de castraveți sau singură. Asigurați-vă că selectați tonul prins în mod durabil și ambalat în apă sau ulei de măsline.
2. Goliți tonul într-un bol împreună cu lichidul de conserve. Se sfărâmă cu o furculiță. Se adauga maioneza, caperele, telina, morcovii si ridichile. Încercați și sare și piper.
3. Tăiați migdalele cu un cuțit de bucătar. Chiar inainte de servire, adauga-le in salata de ton si presara totul cu seminte de floarea soarelui.

9 8 . Pui Umplut Cu Nopales

INGREDIENTE

- 1 lingura de ulei
- 1/2 cani ceapa alba, fileuita
- 1 cană de nopal, tăiată fâșii și gătită
- destulă sare
- destul de oregano
- destul de piper
- 4 piept de pui, turtiti
- 1 cană de brânză Oaxaca, mărunțită
- 1 lingura de ulei, pentru sos
- 3 catei de usturoi, tocati, pentru sos
- 1 ceapa alba, taiata in optimi, pentru sos
- 6 rosii, taiate in sferturi, pentru sos582

- 1/4 cani de coriandru proaspat, proaspat, pentru sos
- 4 ardei iute guajillo, pentru sos
- 1 lingura de ienibahar, pentru sos
- 1 cană de bulion de pui, pentru sos
- 1 praf de sare, pentru sos

PREGĂTIREA

6. Pentru umplutura se incinge o tigaie la foc mediu cu ulei, se caleste ceapa cu nopalele pana nu mai elibereaza saliva, se asezoneaza dupa bunul plac cu sare, piper si oregano. Rezervare.
7. Pe o tabla se aseaza pieptul de pui, umplut cu nopales si branza Oaxaca, se ruleaza, se condimenteaza cu sare, piper si putin oregano. Dacă este necesar, asigurați cu o scobitoare.
8. Încingeți un grătar la foc mare și gătiți rulourile de pui până când sunt fierte. Tăiați rulourile și rezervați fierbinte.
9. Pentru sos se incinge o tigaie la foc mediu cu ulei, se caleste usturoiul cu ceapa pana obtii o culoare aurie, se adauga rosiile, coriandru, chili guajillo, ienibaharul, semintele de

coriandru. Gatiti 10 minute, umpleti cu supa de pui, asezonati cu sare si continuati sa gatiti inca 10 minute. Se răcește ușor.
10. Amestecați sosul până obțineți un amestec omogen. Serviți pe o farfurie ca o oglindă, puneți puiul deasupra și savurați.

99. Mini Friptură Cu Bacon

INGREDIENTE

- 1 kg carne tocata de vita
- 1/2 cani de paine macinata
- 1 ou
- 1 cană ceapă, tocată mărunt
- 2 linguri de usturoi, tocat mărunt
- 4 linguri de ketchup
- 1 lingura mustar
- 2 lingurite patrunjel, tocat marunt
- destulă sare
- destul de piper
- 12 felii de bacon
- suficient de sos de ketchup, pentru a lacui
- destul de patrunjel, pentru a decora

PREGĂTIREA

6. Preîncălziți cuptorul la 180 ° C.
7. Intr-un bol amestecam carnea de vita cu pesmetul, oul, ceapa, usturoiul, ketchup-ul, mustarul, patrunjelul, sarea si piperul.
8. Luați aproximativ 150 g de amestec de carne și modelați-l în formă circulară cu ajutorul mâinilor. Înfășurați cu slănină și puneți pe o foaie de biscuiți unsă sau hârtie cerată. Ungeți partea de sus a cupcakes-urilor și a baconului cu ketchup.
9. Coaceți timp de 15 minute sau până când carnea este fiartă și baconul este auriu.
10. Se serveste cu patrunjel, insotit de salata si paste.

100. Sarma De Pui Cu Branza

INGREDIENTE

- 1/2 cani chorizo, maruntit
- 1/2 cani de bacon, tocat
- 2 linguri de usturoi, tocat mărunt
- 1 ceapă roșie, tăiată în bucăți
- 2 piept de pui, fara piele, dezosat, taiat cubulete
- 1 cană ciuperci, filetate
- 1 ardei gras galben, tăiat în bucăți
- 1 ardei gras rosu, taiat in bucatele
- 1 ardei gras, portocala taiata in bucatele
- 1 dovleac, tăiat în jumătăți de lună
- 1 praf de sare si piper
- 1 cană de brânză Manchego, rasă

- după gust de tortilla de porumb, pentru a însoți
- după gust de sos, a însoți
- dupa gust de lamaie, a insoti

PREGĂTIREA

4. Se încălzește o tigaie la foc mediu și se prăjește chorizo-ul și baconul până se rumenesc. Adăugați usturoiul și ceapa și gătiți până devine transparent. Adăugați puiul, asezonați cu sare și piper și gătiți până se rumenesc.
5. Odată ce puiul este gătit, adăugați legumele pe rând, gătind câteva minute înainte de a adăuga următoarele. La sfarsit adaugam branza si mai calesti inca 5 minute ca sa se topeasca, rectificam condimentele.
6. Serviți sârma foarte fierbinte însoțită de tortilla de porumb, salsa și lămâie.

CONCLUZIE

Dietele cu conținut scăzut de grăsimi sunt considerate o metodă populară de pierdere în greutate.

Cu toate acestea, dietele sărace în carbohidrați sunt legate de o pierdere mai mare în greutate pe termen scurt, împreună cu o pierdere crescută de grăsimi, o foame redusă și un control mai bun al zahărului din sânge.

Deși sunt necesare mai multe studii asupra efectelor pe termen lung ale fiecărei diete, studiile arată că dietele cu conținut scăzut de carbohidrați pot fi la fel de eficiente pentru pierderea în greutate ca și dietele cu conținut scăzut de grăsimi și pot oferi câteva beneficii suplimentare pentru pierderea în greutate. sănătate.

Indiferent dacă alegeți o dietă săracă în carbohidrați sau săracă în grăsimi, rețineți că menținerea unui model de alimentație pe termen lung este unul dintre cei mai critici factori pentru succes atât în ceea ce privește pierderea în greutate, cât și sănătatea generală.

www.ingramcontent.com/pod-product-compliance
Lightning Source LLC
Chambersburg PA
CBHW050020130526
44590CB00042B/1078